U0037704

中國文化知識600問
文學・哲學・藝術篇
中國文化地圖（上）
王慧 編著
簡明清晰的中國文化地圖，輕鬆愉快的文化之旅。
用問答方式介紹中國文化，
讓您輕鬆愉快閱讀中國文化與歷史，
用最少的時間，掌握最多的中國文化知識。

目錄

文學篇

文學篇

1《尚書》在文學史上有著怎樣的歷史地位？

《尚書》是中國最早的歷史典籍之一，也是中國散文的一個源頭。它的內容和形式對後代都產生了重要影響。

首先，自《尚書》起，中國散文的表達水準「煥乎始盛」，具體而生動起來。如《顧命》篇對康王即位時儀式陳列的敘述，頗為詳細；《金滕》篇敘周公之志，哀婉動人；《盤庚》篇語言說服力強，感情充沛。

其次，《尚書》載言記事，多為以後的歷史散文和諸子散文所引用；簡潔質樸的文風，多為後世師法。每有浮靡文風盛行時，進步學者往往標舉《尚書》來矯正。

再者，《尚書》的散文文體，對後世也有一定影響。《尚書》中的文章，有六種文體：典、謨、訓、誥、誓、命，多被後代模仿。

所以說，《尚書》是中國古代散文的發端，在文學史上有著不可忽視的地位。

2《史記》的文學貢獻是怎樣的？

司馬遷的《史記》是中國第一部紀傳體通史，而且還是一部文學傑作，對中國文學的發展做出了巨大貢獻。

◎奠定中國傳記文學的基礎

《史記》創立了以描摹人物為中心的傳記，為中國傳記文學奠定了基礎。《史記》之前，對人物言行的敘述，往往由於體裁的限制而零碎分散，而司馬遷重視人的作用，以人物為歷史的主體，為歷史人物作傳。如《史記·伍子胥列傳》即以伍子胥為中心，集中材料，完整系統地記敘了伍子胥的一生，成功地「傳畸人於千秋」。

在為人物作傳時，用什麼樣的手法呢？不能像寓言、小說那樣虛構，又不能照搬生活，而要根據人物性格特點，謹慎選材，精心加工，並旨在總結教訓，針砭時弊。司馬遷寫傳，既有歷史學家的求實精神，又有文學家的苦心經營。

簡言之，司馬遷開創了紀傳體，不僅是史書寫作上的創舉，也為傳記文學奠定了基礎。

司馬遷

史記卷一

漢 太 史 令司馬遷 撰

宋中郎外兵曹參軍裴 駰集解

唐國子博士弘文館學士司馬貞索隱

唐諸王侍讀率府長史張守節正義

五帝本紀第一

《史記》

◎語言質樸，善用疊句

《史記》的語言頗具特色，班固曾總結西漢人對《史記》的評價，稱其「善序事理，辨而不華，質而不俚」，後代亦有諸多讚譽。

司馬遷說理抒情，均淋漓盡致，且質而不俗。他善於引用民間歌謠諺語，如批判以金贖罪的黑暗政治是「千金之子，不死於市」，概括生活真理用「桃李不言，下自成蹊」等，都十分精煉貼切。

司馬遷抒發某種情懷，強調某一觀點，善於運用重言疊句來表達。《匈奴傳》慨嘆漢武帝用人不當，曰：「欲興聖統，唯在擇任將相哉，唯在擇任將相哉！」司馬遷對國事的關切慨嘆，道於言表。此類疊句的唱嘆，極為感動人心。

3 司馬相如的賦有什麼特色？

司馬相如的賦繼承了《詩經》的頌，《楚辭》的鋪陳，荀賦的詠物，宋玉、賈誼賦的抒情特色，創造了大賦的體制，使漢賦進入鼎盛期。他現存的作品有《子虛上林》、《哀二世》、《大人》、《長門》、《美人》五篇。他的賦的特色主要有：

◎結構宏偉，氣魄雄大

司馬相如學識淵博，想像豐富。如《子虛上林賦》中，楚使者子虛稱楚王游獵雲夢，而烏有先生稱齊王游獵盛況能「吞若雲夢者八九於胸中曾不蒂芥」，但亡是公鋪陳天子在上林苑游獵的壯闊氣派，大大壓倒了楚齊游獵的場面，表明天子是壓倒一切的。賦文一浪高過一浪，洋洋灑灑，極盡鋪陳之能事。

◎諷諫

司馬相如的賦末總有一段對天子的諷諫。如《子虛上林賦》末尾指出大興游獵的勞民傷財，引導天子注重節儉和仁政。

◎用詞奇僻

司馬相如語彙豐富，他的賦文文字嫻熟，但多有奇字僻字堆砌，斑斕絢麗，有些過之則不及之感。

◎某些篇章善抒情

抒情最突出的是為漢武帝的陳皇后失寵而作的《長門賦》。其以陳皇后的口吻，細緻生動地抒寫她盼望君王而君王不至的心情，孤獨寂寞、悲愁抑鬱蘊含其中，具有濃重的抒情色彩。

司馬相如的賦對漢賦的發展產生了巨大影響，後來的賦家都追隨、模仿他。

知識小百科1

賦的起源和發展

「賦」這一文學概念，本來不是一種文學體裁，而是文學的一種表達、表現手法。

早在春秋時期，諸侯國之間的外交活動，或君臣之間商討什麼大事，遇有一些難以當面直說的話，便向對方背誦幾句既能表達自己意圖、又為大家所熟悉的古詩，使對方一聽就心裡明白，這在當時就稱之為「賦詩」，或簡稱「賦」。這裡，「賦」是一種表達手法。「賦」，在《詩經》中，又是「風、雅、頌、賦、比、興」的「六義」之一。其特點是：不用比喻，不假象徵，「直書其事」，使人一讀而了然於心。「賦」在這裡又是詩歌的一種表現手法。

最早把「賦」作為一種文學體裁來寫的，是戰國時期的荀子。他寫的《賦》採用君臣問答對話的方式，每篇寫一件具體事物，篇幅短小，語言簡樸，句法較整齊，既有押韻的詩，也有無韻的文，是前所未見的詩文混合體。它的結構形式，對後來的賦體文學的影響很大。後來的賦多採用對話問答、鋪陳其事、韻文與散文結合的方式抒寫，就是起源於荀子的賦。

楚末宋玉，漢初賈誼、枚乘的賦，內容和形式有了很大的發展。篇幅開始變長，內容由單一說理轉為說理、敘事、抒情的多樣化。它的富於誇張、工於狀物、長篇巨製的散文體式，為漢賦、特別是大賦的成型和發展奠定了基礎。

西漢是賦的鼎盛期，主要作家有司馬相如、淮南群臣、東方朔和王褒、揚雄等人，其中以司馬相如成就最高。

東漢賦在題材方面有一個顯著變化，這就是詠物賦的大量創作和以抒情為主的小賦有了進一步的發展，以班固、張衡、趙壹、蔡邕、禰衡為代表。

西漢的司馬相如、揚雄和東漢的班固、張衡稱為漢賦四大家。

賦發展到魏晉，詠物賦激增，作品的篇幅普遍短小，行文日趨活潑，代表作家當推曹植、王粲、陸機、潘岳等人。曹植的《洛神賦》歷來極負盛名，陸機賦以駢儷見稱，潘岳賦則以情韻取勝。

賦在南北朝時最突出的特點是講究辭藻對仗，強調音韻，大量用典，追求形式技巧的完美。鮑照、謝惠連、謝莊、江淹、庾信等是當時著名的賦家。其中江淹的《恨賦》、《別賦》廣為後人傳誦。庾信的《哀江南》被後人稱為又一篇《離騷》。

唐宋時律賦形成並得到大量創作，文賦也有了進一步發展。現存最早的律賦是王勃的《寒梧西鳳賦》。唐代以律賦著稱的有李程、王起、白居易、元稹等人，宋代律賦以范仲淹《金在溶賦》、歐陽修《藏珠於淵賦》、蘇軾《濁醪有妙理賦》等較著名。文賦，唐代當推李白《大鵬賦》、杜甫《明堂賦》和杜牧《阿房宮賦》，宋則以歐陽修《秋聲賦》和蘇軾的前後《赤壁賦》最負盛名。

明清時賦在創作句式和押韻方面呈現出八股文傾向。但也有佳作，如明末夏完淳的《大哀賦》，清朝張惠言的《黃山賦》。

4 陶淵明有哪些主要名篇？

陶淵明的《桃花源記》、《五柳先生傳》和《歸去來兮辭》是千百年來傳誦不絕的名作，我們有必要對它們有個概括的了解。

陶淵明

《桃花源記》是《桃花源詩》前的一篇序，一般認為是作者晚年所作。作者描繪了一幅理想社會的圖畫：人們種田養蠶，從事農業生產，過著怡然自得、和平安樂的生活，這往往引起現實生活中人們的共鳴。而且《桃花源記》構思奇特，富於小說意味，故事中的地名、時代、人名都是實有的，細節描寫很自然，讓人感覺虛中有實，但可望不可及，悵惘無限。

《五柳先生傳》是陶淵明的自述傳，寥寥百餘字，一位貧苦而有操守、不拘禮法而自得其樂的文人形象便呼之欲出。

《歸去來兮辭》是作者四十一歲辭彭澤

令時所作，文中以無限的喜悅心情，想像歸家後田園躬耕的種種樂趣。歐陽修稱：「晉無文章，惟陶淵明《歸去來兮辭》一篇而已。」文中體現的對渾濁官場的厭惡、不受名利所縛的思想，深受潔身自好的文人的贊同。文章自然率真，把作者的心情和自然景物抒寫得真切生動，聲韻和諧，句式整齊中又有變化，讀來聲情並茂，不愧為不朽的名篇。

5 《水經注》有著怎樣的文學價值？

魏晉南北朝時期，出現了大量地理著作，《水經注》就是集當時地理學大成並且具有極高文學價值的作品，是北魏酈道元以《水經》為綱，用二十倍於原書的篇幅注釋而成。

書中所記大小水道一千多條，詳細記述所經地區山陵的城邑建築、人物故事、歷史古蹟、地理沿革，以及神話傳說。

《水經注》不同於一般性注釋，它實際上是一部創作作品，尤其在山水景物描寫上，取得了值得珍視的成就，可視為中國山水文學的珍品。酈道元因敘事寫物簡明生動、文筆

《水經注》

燦爛而被後人稱為散文家。讓我們欣賞一下他對長江三峽的描寫：

自三峽七百里中，兩岸連山，略無闕處。重岩疊嶂，隱天蔽日，自非亭午夜分，不見曦月。至於夏水襄陵，沿泝阻絕。或王命急宣，有時朝發白帝，暮到江陵，其間千二百里，雖乘奔御風，不以疾也。春冬之時，則素湍綠潭，迴清倒影。絕巘多生檉柏，懸泉瀑布，飛漱其間，清榮峻茂，良多趣味。每至晴初霜旦，林寒澗肅，常有高猿長嘯，屬引淒異，空谷傳響，哀轉久絕。故漁歌曰：「巴東三峽巫峽長，猿鳴三聲淚沾裳。」

除了山水文學價值，《水經注》附有巫山神文瑤姬、屈原姐姐女嬃、竹王、陰陽石的傳說，都很動人。

6 韓愈的「文起八代之衰」是指什麼？

「文起八代之衰」，是蘇東坡給予韓愈的稱讚語。為什麼這樣說呢？所謂「八代」，即東漢、魏、晉、宋、齊、梁、陳、隋，實際上主要指兩晉六朝這個駢文鼎盛時代。駢文（即今文）是當時的文人在漢代辭賦的基礎上，利用漢語單音孤立的特點，經精心雕琢而發展成的一種文體，句式基本採用對偶，詞藻鋪排華麗，並講究聲律。駢文發展到極端，無文不駢，無語不偶，走向形式主義，帶來駢文的危機和文學的衰落。

眾多進步文人為扭轉這一不良傾向而努力，但真正使文學跳出駢儷窠臼的，首推韓愈。中唐貞元、元和時期，韓愈、柳宗元出來大力提倡「古文」，遂天下風靡，形成了聲勢浩大的唐代古文運動，「古文」因此逐漸取代了「今文」（駢文），並在散文領域雄霸了千百年。

韓　愈

韓愈的「古文」，內容上針對現實，有感而發，發憤抒情，不平則鳴，使文章言之有物，為中國古典散文注入了新鮮血液。形式上，用簡潔的散句單行寫作，文氣自由通暢，徹底擺脫了六朝以來駢文的束縛，使人耳目一新。語言上，韓愈創造了適時通用的文學語言。他之所謂「古」，並非真要恢復先秦兩漢的文體，而是「惟陳言之務去」，要求像司馬遷寫《史記》那樣，改古語為今言，他的「復古」實際上是為文學革新服務。因此，韓愈把秦漢堂皇的文字，變為生動活潑的日常雜文，創造了又一種藝術風格。

在理論上，韓愈主張文以明道，文章形式為內容服務，並在當時的百家爭鳴中擺事實、講道理，深入剖析「古文」與「今文」的功過是非。他對六朝文學客觀對待，批判的同時吸取有益成分。他對唐初駢文的典範——王勃的《滕王閣序》稱讚備至，在他自己的文章，如《進學解》中，自然地融駢入散，在揚棄中完成了文學的發展。而團結在他周圍的一大批作家和「古文」愛好者，又為古文運動的勝利創造了條件。

由此，無論是創作上還是理論上，韓愈在中國文學史上都功不可沒，無愧於「文起八代之衰」的稱譽。

7 柳宗元的山水散文有著怎樣的藝術成就？

山水散文並不始自柳宗元，但他能獨出機杼，開拓出令人神往的境界，成為刻畫山水的聖手、遊記散文的宗師。

柳宗元山水遊記數量不多，但幾乎篇篇皆為佳作。《愚溪對》以冉溪自況，嬉笑怒罵，皆成文章；《柳州山水近治可遊者記》全文敘事，不著一句議論感慨，淡宕風雅，別具一格；《遊黃溪記》如古畫中的山水長卷，一路山光水色，引人入勝。當然，最具代表性的是作者被貶為永州司馬時期所寫的《永州八記》。

《永州八記》包括《始得西山宴遊記》、《鈷鉧潭記》、《鈷鉧潭西小丘記》、《至小丘西小石潭記》、《袁家渴記》、《石渠記》、《石澗

柳宗元

記》、《小石城山記》。它們一幕接一幕地再現了永州的山水勝景，所寫景物雖小，但文章卻似錘煉得爐火純青而出的真金。作品達到了完美的情景交融，山水刻畫之中滲透著作者的情感與品格。作者被貶而遊，一是尋求慰藉，另一面又是和現實的一種特殊抗爭。他曾說：「嬉笑之怒，甚乎裂眦；長歌之哀，過乎慟哭。」在作者「與萬化冥合」的曠達之中，有著無聲的悲痛。而清溪冽泉、奇峰怪石、幽竹叢林，正與作者傲然卓立而不同流合污的品格交相輝映。作者在此種心情下，細緻地抒寫每一處山水，虛實相生，動靜結合，將每一塊石頭都寫活了，使他的山水小記情趣無限，達到了較高的藝術境界。

8 歐陽修對散文的發展有著怎樣的貢獻？

北宋中葉的詩文革新運動，可以說是中唐古文運動在新的歷史條件下的又一種發展，它的領導人物歐陽修，被稱為宋代的韓愈。

北宋開國一百年內，文章體裁仍沿襲五代餘習，駢辭儷句。歐陽修考取進士後，與尹洙、梅堯臣等一起，提倡寫平實樸素的詩文，並補綴、校訂韓愈的文集，加以推廣，於是古文運動得以開展起來。

歐陽修繼承並發展了韓愈文學革新的理論，強調「道」對「文」的決定作用，認為「道」是內容，是金玉，「文」是形式，是金玉的光輝，文章的內容決定文章的形式。在「道」的基礎上，追求表達的完美。他的「道」，又要求針對現實，有感而發。

在創作實踐中，歐陽修取得了多方面成就，尤以散文為著。他的散文，建立了一種平易通暢又婉曲多姿的風格，開創了古代散文的新局面。抒情寫景散文，如著名的《醉翁亭記》，用優美的筆調、流暢的語言描寫了山間四時和朝暮的景色，一人和太守遊樂的情景，表達他擺脫約束、從容閒適的情趣，具有濃郁的抒情意味。議論文如《新五代史．伶官傳》，通過後唐莊宗得天下和失天下的典型事例，說明國家興衰非因天命，實由人事之理，敘事簡明生動，說理深入淺出，行文雖短，然發人深省。

歐陽修

歐陽修倡導的平易暢達的散文風格，為眾多後人一脈相承下來，如明代歸有光、清代桐城派，因此他在中國文學史上具有重要地位。

9「三蘇」的散文有哪些特色？

「三蘇」指北宋文學家蘇洵及其二子蘇軾、蘇轍，三人都取得了很高的文學成就，其中又以蘇軾最為著名。

蘇洵為文，以《戰國策》為主要楷模，擅長策論和經論，並能結合現實。他也比較重視文章形式，特別是間架氣勢和修辭手段。善用比喻是他的一大特色。他對蘇軾兄弟的散文具有直接的影響。

蘇軾是繼歐陽修之後宋代古文運動的又一領袖。他的散文以雄健奔放、揮灑自如為特色，如「萬斛泉源」噴湧而出，如行雲流水，「文理自然，姿態橫生」。蘇軾是位兼擅眾體的古文大家。他的《策略》、《策別》等政論文和《韓非論》、《賈誼論》等史話文，文從字順，論辯滔滔，不失新意，與蘇洵議論文相近。他的亭臺堂閣記和書序價值更高，如《超然臺記》、《放鶴亭記》、《凌虛臺記》等，同為亭臺記，但寫法結構同中有異，互不雷同。隨筆小品，信手拈來，真情袒露，都是散文中之精品。他的前後《赤壁賦》更是千古絕唱，融抒情、敘事、寫景、說理於一體。蘇軾為散文的發展做出了突出的貢獻。

至於蘇轍，蘇軾曾評價他「汪洋淡泊，有一唱三嘆之聲，而其秀桀之氣，終不可沒」。汪洋淡泊而不失秀桀是他的特色。他的政治、史論，雖得父兄之道，以探討治亂得失為主，但較少權術機變之說。文章明白曉暢，平和紆徐，略有內斂。

三蘇尤其是蘇軾的文章廣為流傳，在中國文學史上佔有重要地位。

10《詩經》的主要內容是什麼？

《詩經》是中國古代第一部詩歌總集，在先秦稱為《詩》或《詩三百篇》，由於漢代儒家尊奉它為經典，故後世稱《詩經》。

它收集了從西周初年到春秋中葉約五百多年間的詩歌，大部分為民間歌謠，小部分是貴族創作的，深刻地反映了周代社會的全貌。

《詩經》的內容，按作品的性質和樂調的不同，分為「風」、「雅」、「頌」三類。「風」即「國風」，是各諸侯國的風土歌謠，多為民歌。「雅」是周王畿地區的樂歌，分為「大雅」、「小雅」，意同後世的大曲、小曲。「頌」是朝廷宗廟祭祀的舞曲歌辭。

「國風」部分是《詩經》的精華所在，其中很多作品是當時的人民口頭創作的，反映了人民對壓迫的抗議，體現了他們追求自由和幸福的理想。

《詩經》基本上是四言詩，但它又常常突破四言的格局，錯綜變化，靈活自由，並且善於運用章句的重疊來表達感情，在音律上具有美的效果，也便於記憶和詠唱，如「**風雨淒淒，雞鳴喈**

喈」，「風雨蕭蕭，雞鳴膠膠」。

《詩經》在中國文化史上佔有重要地位，研究《詩經》的著述，可謂汗牛充棟，並形成了「詩經學」。

知識小百科2

詩有六義

詩有六義，指的是風、雅、頌、賦、比、興。

風、雅、頌是三種不同的詩歌體裁，賦、比、興是《詩經》的三種表現手法。

「風」有教化諷刺的意思，一般是各地方的民歌；「雅」是正的意思；「頌」是形容盛德的意思，一般為朝廷宗廟的詩歌、舞歌。

三種表現手法中，「賦」為鋪陳，敘物言情，直歌其事；「比」即比喻，借物託情，意在言外；「興」是聯想，觸景生情，因物起興。

綜上所述，自《詩經》始，中國文學史上形成了有關詩歌內容和表現手法的六種義例——風、雅、頌、賦、比、興，標誌著中國最早的詩歌傳統形成了。

11 屈原的主要貢獻是什麼？

屈原（西元前三四〇——西元前二七七年），名平，字原，是楚國的貴族。他生活在戰國後期，這一時期是中國由動亂走向統一的年代。屈原主張任賢革新、聯齊抗秦，以圖統一中國，但遭到了小人的迫害，屢遭放逐。

屈原身處逆境，理想破滅，但仍熱愛國家和人民，以其偉大人格和淵博知識，用生命和熱血唱出了不朽的詩篇。他的作品有《離騷》、《九歌》、《天問》、《九章》、《遠遊》、《卜居》和《漁父》。

《離騷》代表了屈原創作的最高成就，全詩三百七十三句，二千四百九十字，是我國文學史上詩歌方面第一部偉大的篇章。它熾熱的感情，奇特的想像，神采飛揚的語言，閃耀著鮮明的個性光

屈　原

輝。它的現實主義與浪漫主義相結合的創作方法，影響著歷代文學的發展。

屈原以前的詩歌，多為短篇，而屈原發展為長篇巨作。在語言形式上，屈原突破了《詩經》以四字一句為主的格局，創造了一種句法參差錯落、靈活變化的新詩歌形式——楚辭體，這種體裁詞藻華美、對偶工巧，句中句尾多用「兮」字，以「之」、「於」、「乎」、「夫」、「而」等虛字來協調音節，形成起伏迴宕、一唱三嘆的韻致。

在表現手法上，屈原把賦、比、興巧妙地融為一體，大量運用「香草美德」的比興手法，創造了一連串的藝術形象。

在內容上，他廣泛採用神話故事和寓言形式，創造出雄偉壯麗的境界，形成浪漫主義的傳統。

知識小百科3

楚辭

「楚辭」是戰國時期產生於楚國的一種新的詩歌體裁，屈原是其代表作家，而最有代表性的作品即屈原的《離騷》，因此後人也有以「騷」來指楚辭的。

楚辭的特點是：篇中大量引用楚地的風土物產和方言辭彙，富有濃厚的楚國地方特色；內容恢宏，形式自由，句法參差錯落，靈活變化，充滿了浪漫主義的色彩。

12《孔雀東南飛》是怎樣一部文學作品？

《孔雀東南飛》最早題為《古詩無名氏為焦仲卿妻作》，它敘述的是一幕由封建禮教制度造成的婚姻愛情悲劇。故事發生在漢末建安年間。主人翁劉蘭芝是一個善良、美麗、聰明而又勤勞的女性，她同廬江府小吏焦仲卿結婚後，夫妻感情深摯，但偏執頑固的焦母卻對她百般挑剔，並且威逼仲卿將她休掉。仲卿迫於母命，婉言勸說蘭芝暫時先回娘家，並在分手時立下誓言，彼此永不相負。誰知蘭芝歸家後，她的趨炎附勢的哥哥逼她改嫁太守。仲卿聞變趕來，重申盟誓，兩人約定「黃泉下相見」，決心以結束年輕的生命來表示反抗。就在太守迎親的那天，蘭芝毅然「舉身赴清池」，仲卿得知蘭芝死訊，也「自掛東南枝」，雙雙殉情而死。

《孔雀東南飛》代表了漢樂府詩的最高成就。從漢

《孔雀東南飛》

末到南朝，它在民間口頭傳唱中經過不斷的加工潤色，汲取了豐富的藝術手法和技巧。它故事完整，序次井然，裁減精當，衝突尖銳，塑造的形象個性鮮明、栩栩如生。全篇為整齊的五言詩，運用精煉的口語，風格質樸自然，適於歌唱，便於描述，表達靈活。千百年來，《孔雀東南飛》始終為大家所喜愛，傳誦不衰。

知識小百科4

樂府詩

樂府是西漢設立的專門掌管音樂的機構，樂府詩就是樂府機關採擷、演唱的那些新興俗樂的歌辭，有的出自文人之手，有的本是民歌，在漢代稱「歌詩」，約從魏晉起，人們稱其為樂府詩或簡稱樂府。文學史上的樂府還包括兩漢特別是魏晉以後歷代文人仿製而一般不入樂的詩歌作品。

漢樂府詩打破了自《詩經》以來以四言為詩歌的正宗傳統，創造了雜言體的詩歌，並首創五言詩。南北朝樂府詩在形式上則以五言四句的短章為主，間或也有一些四言、七言和雜言體。它對後世「絕句」的興起有直接影響。宋以後還有以詞、曲為樂府的詩歌。

13《木蘭詩》是如何引人入勝的？

《木蘭詩》是一首著名的樂府民歌，它和《孔雀東南飛》一起堪稱樂府詩中的「雙璧」。它的產生年代及作者歷來有爭議，但一般認為產生於北魏，創作於民間。

它敘述的是膾炙人口的木蘭從軍的故事，用引人入勝的筆墨，塑造了一位傑出的女性。木蘭是個普通的女子，又是個金戈鐵馬的英雄。她不僅「彎弓征戰學男兒」，解除年老父親的憂患，而且「將軍百戰死，壯士十年歸」，巾幗壓倒鬚眉，建立了赫赫戰功，最後又鄙棄榮華，謝絕封賞，寧肯回到親人身邊，重敘天倫之樂。在木蘭身上，匯聚著中華民族勤勞、善良、機智、勇敢而又淳樸的美德，同時，她喬裝十年，馳騁沙場的奇蹟般的經歷和洋溢全詩的高昂的英雄主義精神，又無不帶有濃厚的浪漫主義色彩。《木蘭詩》是古代文學史上現實主義和浪漫主義成功結合的一個範例。

花木蘭

詩中用擬問作答來刻畫心理活動，細緻深刻；用鋪陳排比來描述行動情態，神氣躍然；運用精煉的口語，不僅道出一個女子的口吻，也增強了敘事的氣氛，更顯民歌本色；而貫穿全詩的排比句，更增添了語言的活潑明快，有一種獨特的節奏感和音樂美。

14《古詩十九首》是怎樣的一部抒情短詩集？

《古詩十九首》收錄的是漢末一群無名詩人所創作的一組抒情短詩，主要抒寫遊子失志無成和思婦離別相思之情，情調比較低沉，反映了東漢後期政治混亂、沒落的時代面貌。

《古詩十九首》的作者們大抵屬於中下層文士，具有較高的文化素養，藝術上繼承了《詩經》、楚辭的傳統，吸取了樂府民歌的精華。這些詩廣泛運用了《詩經》的賦、比、興表現手法。在形式上，類似樂府五言歌辭，只是捨去了音樂因素，但比樂府民歌更為細緻工整。劉勰概括《古詩十九首》的藝術特色是「結體散文，直而不野，婉轉附物，怊悵切情」。

在文學史上，以《古詩十九首》為代表的東漢後期無名氏五言詩，標誌著五言詩歌從以敘事為主的樂府民歌到以抒情為主的文人創作，已經發展成熟。劉勰推崇它為「五言之冠冕」。

《古詩十九首》完美地處理了情志與修飾的關係，因此後世凡遇到形式主義詩風抬頭時，進步詩人總是將《古詩十九首》與《詩經》、騷、漢樂府一起作為自己的旗幟，由此可見它在詩史上的作用是不可磨滅的。

知識小百科5

五言詩的產生和發展

《詩經》以四言為主，到漢代，作四言詩的仍不乏其人，曹操就寫過不少傑出的四言詩，但四言詩受字數限制，只適於表現簡單、直率的事物和感情，缺乏轉圜的餘地，於是，五言詩的雛形在民間逐步產生了，它能更靈活細緻地抒情、敘事。

五言詩首先在兩漢民謠和樂府民歌中產生和發展起來，東漢時的《陌上桑》、《江南可採蓮》就是比較成熟的五言作品。今存最早的文人的五言詩當為班固的《詠史》，鍾嶸《詩品》說它「質木無文」，即技巧還不熟練。《古詩十九首》標誌著五言詩達到成熟階段。至建安和南北朝時期，五言詩成為詩文的主要形式，其中以曹植的成就最大。

初唐以後，產生了近體詩，其中有五言絕句、五言律詩，唐以前的五言詩便通稱為「五言古詩」或「五古」。

15 「三曹」和「建安七子」指的是誰？

東漢獻帝的最後一個年號叫「建安」，曹操在此時掌握政權。建安時期和這稍前及稍後一段時期的文學，統稱為「建安文學」。這是中國文學史上的一個輝煌時代，魯迅稱其為「文學的自覺時代」，即文學有了自身獨立的價值。主要代表作家即「三曹」——曹操和曹丕、曹植父子三人，以及「建安七子」——孔融、陳琳、王粲、徐幹、阮瑀、應瑒、劉楨七人。

曹操是個睥睨一世、敢說敢為的大政治家，他的詩慷慨悲涼、氣魄雄偉，用詞樸實無華、不尚藻飾。代表作有《蒿里行》、《短歌行》、《步出夏門行》、《苦寒行》。「**對酒當歌，人生幾何？**」，「**老驥伏櫪，志在千里；烈士暮年，壯心不已**」等句，已成為千古傳誦的名句。

曹丕的優秀詩篇有《燕歌行》兩首和《雜詩》兩首。《燕歌行》是現存最早的完整的七言詩，備受注意。風格上曹丕之詩有所修飾，但自然清麗，感情委婉細緻，音調和諧流轉。

曹植的生活與創作可劃分為兩個時期，以曹丕即位為界。前期詩歌中，《送應氏》描繪洛陽荒蕪的景象，表現了對戰亂的感慨；《白馬篇》則以高昂豪邁的詞句，抒發自己「捐軀赴國難」的志向和建功立業的抱負。後期詩歌主要抒發他在壓制之下時而憤慨時而哀怨的心情，表現他不甘被棄置，希冀用世立功的願望。曹植詩歌的藝術風格，鍾嶸評為「骨氣奇高，辭采華茂，情兼雅怨，體被文質」，既重修飾，又保持剛健明朗之風。曹植被視為五言詩的一代宗匠。

曹丕最早提出「建安七子」的說法。「七子」的創作各有個性，在詩歌上寫五言詩為主，神采飛揚，變化多致，使東漢後期興盛起來的五言詩更臻於完美。建安七子的作品失傳過多，是一憾事。

知識小百科6

建安風骨

建安時代的文學（以五言詩為主）以風骨遒勁著稱，被後人尊為典範，這即文學史上常說的「建安風骨」。

文學批評中的風骨論，首推劉勰《文心雕龍》中的《風骨》。風指的是文章的生命力，一種內在的、能感染人的精神活力；骨指文章的表現力，又稱「骨力」或「力」，指文章的表現應剛健有力。優秀作品的風與骨是和諧相融的。

建安風骨，指的是建安時代的詩文內容充實、感情充沛，即有「風」，具有突出的剛健明朗的藝術風格，即有「骨」。風骨與藻飾恰當結合，是文章中的鳳凰，正如前面所提的鍾嶸對曹植的評價——「骨氣奇高，辭采華茂」。

16 隱逸詩人陶淵明是個怎樣的人？

鍾嶸《詩品》中稱陶淵明為「古今隱逸詩人之宗」。陶淵明享年六十三歲，有五十餘年在家鄉農村過著隱居的生活，其「不為五斗米折腰」的故事為大家所熟知。在長期的隱居生活中，他寫了許多動人的詩歌，現存一百二十五首，詩中描繪優美的農村風光，歌詠飲酒撫琴、讀書賦詩、訪問鄰居、閒話桑麻的種種情趣，表現了安貧樂道、怡然曠達的情志。

陶淵明不善於、更不願意在污濁的宦海裡浮沉，因此去田園中追尋心靈的自由，但心中也難免矛盾、痛苦，這在組詩《飲酒》、《雜詩》等作品中多有表現。

陶淵明是第一個寫大量飲酒詩的詩人，其中傳誦最廣的是「結廬在人境」一首，淡然忘世，王安石評價此詩「有奇絕不可及語」，「有詩人以來無此句」。

他還寫了出色的、幾乎少有先例的田園詩，《歸園田居

《歸去來兮辭》圖卷（局部）

五首》是其中最著名的代表作，一首「少無適俗韻」尤為世人傳誦。

陶淵明的詩歌成就在南北朝並不受重視，從唐代開始受推崇，甚至被當作「為詩之根本準則」。在平淡散緩的外表下面體現其內在的奇趣，正如蘇東坡評價為「質而實綺，癯而實腴」。

17「初唐四傑」指的是哪四位文學家？

初唐四傑，是唐代初期頗負盛名的四位文學家：王勃、楊炯、盧照鄰、駱賓王。

初唐詩壇受齊梁宮體詩的影響，多為風花雪月之作，且為唐太宗喜好，因此文人大夫競相效仿，其詞綺錯婉媚，風靡一時，素有「上官體」之稱。王勃首先起來反對這一不正之風，接著楊、盧、駱紛紛響應。

四傑對唐詩的發展做出了巨大貢獻。

首先，他們衝破「上官體」牢籠，把詩歌從狹窄的宮廷移到廣大的社會、壯麗的山水、悲涼的邊塞，開拓詩歌題材，賦予詩歌新的生命力，展現了剛健活潑的詩風。

其次，為五言律詩奠定基礎，使七言古詩發展成熟。五律這一形式在四傑的作品中得以充分發揮，並被逐漸固定下來，代表作品如楊炯的《從軍行》、駱賓王的《在獄詠蟬》。七言古詩一直到唐代才興盛起來，四傑把它推向成熟，如盧照鄰的《長安古意》、王勃的《臨高臺》。

初唐四傑在中國文學史上起到了承前啟後、繼往開來的作用。雖有人議論、譏笑他們，但其成就已得公認。「**爾曹身與名俱滅，不廢江河萬古流**」，是杜甫對四傑的稱讚和對詆毀者的譏嘲。

知識小百科7

律詩

律詩發源於南朝，從沈約等講究聲律、對偶的新體詩時期，至初唐沈佺期、宋之問時正式定型，而成熟於盛唐時期。初唐四傑寫了很多律詩，對律詩的成長發展起了重要作用。

律詩與古詩的不同如下（凡不合格律的詩皆可稱為古詩或古風）：

◎字句不同。如五律、七律的字數、句數均有限定，前者八句，每句五字；後者八句，每句七字。而古詩字數可長可短，每首句數可偶可奇。

◎押韻不同。①古體詩既可押平聲韻，又可押仄聲韻，而律詩一般押平聲韻。②古詩可以換韻，而律詩不能。③古詩每句均可用韻，並可重韻，而律詩只可以在偶句用韻（有些首句可用韻），而且不允許重韻。④古詩可押鄰韻，而律詩不能。

◎平仄不同。古詩不拘平仄，不拘黏對，而律詩有嚴格的平仄規則，失黏、失對均為律詩大忌。

◎與古詩不同，律詩要求對仗。五律、七律的中間兩聯和排律除首尾聯外，一律要求對仗。

18《春江花月夜》抒發了怎樣的情感？

「江畔何人初見月？江月何年初照人？人生代代無窮已，江月年年只相似」，這是《春江花月夜》中情理兼佳的好詩句。「詩言志，歌詠言」，耐人尋味的佳作，往往詩情、哲理兼而有之，不但以情動人，亦以理啟發人。

《春江花月夜》是樂府舊題，是陳後主等創作的宮體詩名稱。在張若虛之前，有詩人寫過，但都是五言短章，至張若虛才寫出了這麼一篇堪稱「輝煌巨作」的七言長篇。全詩三十六句，緊扣春、江、花、月、夜五個字來寫。詩人為時光易逝、人生短暫而悲傷，但他更相信，人類代代相傳，生生不絕，「人生」將與「江月」共存，直至永遠。此詩音韻格調婉轉流暢，詩情哲理節節相生。

詩情哲理相結合，不僅有助於個人情感的抒發，而且因震撼人心而引起更多人的共鳴，《春江花月夜》因此而成為傳世名作。

知識小百科8

七言詩的興起和發展

七言詩在民間的興起，並不比五言詩遲，漢代的樂府民歌中，已經常出現完整的七言詩句。文人作七言詩，一般以東漢張衡的《四愁詩》為最早。漢末曹丕的《燕歌行》標誌著文人七言詩的創立。

曹丕後，七言詩的寫作停歇了兩個世紀。它的創立和成熟都比五言詩晚，因為當時朝廷把五言詩採入樂府，廣為流傳，而摒棄七言，認為它難登大雅之堂，從而限制了它的發展。

七言詩的成熟和普遍為文人採用，是從南朝劉宋、鮑照開始，直到唐代才興盛。初唐四傑把七言詩推向成熟，而《春江花月夜》則是傳世的七言詩名作。

19 陳子昂在初唐詩壇上有著怎樣的突破？

唐初的幾十年間，整個詩壇未能擺脫齊梁餘風，詩歌纖弱輕靡，儘管初唐四傑的作品中已有所創新，但仍殘留著雕章琢句、追求詞藻華麗的痕跡，並且四傑多半早逝，未能蔚然成風。衝破齊梁以來靡豔詩風的任務，是由陳子昂來完成的。

陳子昂在初唐詩壇上第一個高舉復古旗幟，要求恢復《詩經》「風雅」的優秀傳統，倡導「骨氣翱翔，音情頓挫」的漢魏風骨，以反對「采麗競繁而興寄都絕」的齊梁詩體。後來李白的「復古」主張，韓、柳倡導的古文運動，元、白倡導的新樂府運動，無不受到陳子昂的影響。可以說，盛唐時期雄渾樸實、剛健清新詩風的形成，與陳子昂的率先倡導是分不開的。

陳子昂還以自己的詩歌創作，去實踐自己的主張。他的詩是唐代詩壇由初唐向盛唐發展的一個分水嶺，結束了統治詩壇五百年的齊梁詩風，為盛唐詩歌創作高潮的到來，拉開了序幕。讓我們在他的名篇《登幽州臺歌》中領略他磅礴的才情和氣勢吧：

前不見古人，後不見來者，念天地之悠悠，獨愴然而涕下！

20 高適與岑參的詩在藝術手法上各具有什麼樣的特色？

盛唐時期，開闊雄放的邊塞詩盛行，形成「邊塞詩派」，高適與岑參是其中成就最高的詩人。

高、岑二家的詩，是在開元時期的強盛國勢和擴邊政策的背景下產生的，他們本人都曾投身戎幕，奔赴邊塞，所以有很多共同之處，但藝術手法上仍各具風貌。

高適的詩現實主義多於浪漫主義，語言爽朗質樸，多慷慨悲壯之音。《燕歌行》是其代表作，「戰士軍前半死生，美人帳下猶歌舞」，這精闢沉痛的對比，反映出盛唐之下軍政的黑暗。篇中「鐵衣遠戍辛勤久，玉筋應啼別離後。少婦城南欲斷腸，征人薊北空回首」，寫出了征人與妻子的苦苦相思。篇尾「相看白刃血紛紛，死節從來豈顧勛？君不見沙場征戰苦，至今猶憶李將軍」，寫出了沙場之壯烈。全詩四句一轉韻，富有創造性，表明七言歌行的進一步發展。其對邊塞戰爭和生活的寫作，突破了傳統題材，並影響到後來的詩人。

岑參的詩喜用自由變動的七言詩體，表現塞外變幻的風光和激烈的征戰，開創一種奇麗雄放的詩風，閃耀著浪漫主義的色彩。代表作《走馬川行》、《輪臺歌》、《白雪歌》，以送別為主題，「語奇體峻，意亦造奇」，善用誇張比喻，筆法多變，瑰麗雄奇。「忽如一夜春風來，千樹萬樹梨花開」是《白雪歌》中的名句。

知識小百科9

邊塞詩

南朝、初唐起逐漸形成寫邊塞詩的風氣，鮑照、吳均、駱賓王、陳子昂等是其中的佼佼者。至唐玄宗開元、天寶年間，邊塞詩的創作達到極致。這些詩作以邊塞為題，描寫祖國邊塞壯麗、遼闊的奇異景象，反映邊疆戰場和生活，加強了現實性，開拓了詩歌內容上的新領域。藝術風格上，以雄放著稱。詩體以樂府歌行、絕句為主，章法多變，形象鮮明。代表詩人有高適、岑參、崔顥、王昌齡等。

21「詩家天子」指的是誰？

在群星燦爛的盛唐詩壇，王昌齡以絕句名揚天下，贏得了「詩家天子」的美譽。清代葉燮讚許為：「七言絕句古今推李白、王昌齡。」他和李白代表了盛唐七絕的最高成就。

王昌齡的絕句涉獵面很廣，邊塞詩是其中最負盛名的一部分。如《從軍行》：

青海長雲暗雪山，孤城遙望玉門關。
黃沙百戰穿金甲，不破樓蘭誓不還。

宮怨、閨情詩也代表了他的最高成就，其中最著名的形象是班婕妤。如《長信秋詞》第三首：

奉帚平明金殿開，且將團扇共徘徊。
玉顏不及寒鴉色，猶帶昭陽日影來。

王昌齡詩《望月》插圖

再就是頗為人稱道的送別詩。如《送魏二》：

醉別江樓桔柚香，江風引雨入舟涼。
憶君遙在瀟湘上，愁聽清猿夢裡長。

絕句短小精悍，一共才四句，結構上很難做到起承轉合，一般只能採取聚焦式結構，集中描寫一個畫面，但王昌齡卻能在第三句另闢新境。如上述《送魏二》分別寫眼前境況和別後情景，虛實結合。著名的《出塞》詩則是寫實和議論結合，讓我們來欣賞一遍：

秦時明月漢時關，萬里長征人未還。
但使龍城飛將在，不教胡馬度陰山。

《芙蓉樓送辛漸》也是前兩句繪景抒情，後兩句議論，在兩個層次中，給讀者一個想像空間，結束時意猶未盡，耐人尋味。

知識小百科10

絕　句

絕句是近體格律詩的一種形式，五言、七言均四句，有一定的平仄黏對規則，一般雙數句押平聲韻（少數押仄聲韻），故又稱「律絕」，然而，這僅是唐以後的絕句概念。在此以前，四句的五言、七言詩早有稱為絕句的。這種古絕句，除四句一首這一顯著特徵外，不講究平仄、音韻、黏對的嚴格法則。就詩歌分類言，古絕句實際上可視為形式自由的古體詩。

「絕句」的名稱起於南朝，梁陳時已較普遍地用絕句泛指四句短詩，押韻平仄較自由，即古絕句。唐以後盛行近體絕句，靈活輕便，適宜表現生活中一瞬即逝的意念和感受，為詩人普遍採用，創作之繁榮超過其他各詩體。盛唐的王昌齡、李白，晚唐的杜牧、李商隱以絕句擅長。還有不少名篇出自非名家之手。

22 「詩中有畫」指的是誰？

王維的詩歌極富詩情畫意，蘇軾謂其是「詩中有畫，畫中有詩」。中國古代繪畫，特別講究虛實、遠近、大小的處理，王維的詩也運用了這些技巧。《漢江臨眺》中間四句：「江流天地外，山色有無中。郡邑浮前浦，波瀾動遠空。」江流是實寫，流於天地外是虛寫，青山伴著江水的波濤，若有若無。「郡邑」二句，不僅道出遠近關係，更進一步作了浪漫的想像，把讀者引向水波山色淩空飛動的境界。

王維亦善用多種色彩融入詩中，以青綠為基調，再現大自然的景象，給人清新恬靜的美感。如《白石灘》：「清淺白石灘，綠蒲向堪把。家住水東西，浣紗明月下。」

僅僅把詩寫得逼真如畫，不算最高境界，「畫」中寄情，情景交融才是妙。王維的許多山水田園詩，在形似基礎上力求神似，以達「意境兩渾」的高度。

請看《鳥鳴澗》：

人閒桂花落，夜靜春山空。
月出驚山鳥，時鳴春澗中。

賞心悅目的水墨畫之中，充滿了詩人對自然的熱愛。再如「行到水窮處，坐看雲起時」，「與闌啼鳥喚，坐久落花多」等句，我們都可以感受到詩人寧靜、淡泊的心境。形與神融合中，我們才能真正領略王維的藝術境界。

王 維

23 詩仙李白的詩風是怎樣的？

賀知章一見李白「既奇其姿」，看《蜀道難》，未讀完便呼其為「詩仙」。李白性格灑脫豪放、傲然不群，其情性也是他詩歌的特點，他的成就可謂古今公認。

李白的詩歌極富有個性，他將自己的一腔熱情傾注到描寫的對象中。《蜀道難》中三次出現

「**蜀道之難，難於上青天**」，猶如樂曲中的主旋律，迴旋往復，扣人心弦。「**問君西遊何時還，畏途巉岩不可攀**」，「**錦城雖云樂，不如早還鄉**」，又似親切的叮嚀。詩中大量奇麗驚險的描繪，也充滿著作者驚訝、讚嘆的激情。透過一幅幅驚心動魄的畫面，我們似乎可以看到「**興酣筆落搖五岳，詩成笑傲凌滄州**」的詩人高大的形象。描寫人物的作品也如此，無論是「功成身退」的魯仲連，還是「頗懷拯物情」的諸葛亮，在詩人筆下，都成了自己理想和性格的化身。

李白詩歌的意象往往是超越現實的，「**言出天地外，思出鬼神表**」，讓想像神遊，將歷史、神話傳說、夢境、幻覺和人物故事、自然景象組合起來，捕捉許多表面上看來似乎沒有邏輯聯繫的意象，構成神異奇特、可驚可愕的圖畫。如《夢遊天姥吟留別》描寫一連串瑰麗變幻的夢境，令人驚駭不已，但詩人並未就此止步，而是進一步引出一個「**青冥浩蕩不見底，日月照耀金銀臺**」的神仙世界，寄託了詩人的追求和嚮往，也反映了他浪漫主義的非凡想像力。

李　白

大膽的誇張也是浪漫詩風的一個表現。《秋浦歌》用「**白髮三千**

丈」比喻無限愁思；《北風行》用「燕山雪花大如席」形容北方的奇寒大雪；《橫江詞》用「飛流直下三千尺，疑是銀河落九天」描繪珠濺玉迸的飛瀑。詩人將極普通的事物變為令人驚嘆的形象，真可謂化腐朽為神奇，手法高妙。

詩歌語言方面，李白認為「萬物興歇皆自然」，反對雕飾、造作。他曾用「清水出芙蓉，天然去雕飾」稱讚韋良宰的詩，其實用來說明他自己的詩更為恰當。

奔放淋漓、慷慨激昂的謫仙之作，讓人一讀之下，有一種酣暢之極的享受。李白是唐代詩壇最閃亮的星之一。

24 杜甫在唐代詩壇上佔有怎麼樣的地位？

唐詩壇上，與李白相提並論的另一大詩人即杜甫。他在中國文學史上承上啟下，集詩歌之大成，作品廣泛而深刻地反映了他生活的時代，似一部天然的歷史圖卷。「三吏」、「三別」等作品，幾乎是那個動亂時代的紀念碑。

唐代是中國古典詩歌的極盛時期，各種風格和流派的詩人風起雲湧。杜甫博採眾家之長並加以創造，詩歌技藝達到了「超凡入聖」的境地。因此秦觀把他比做詩壇上的孔子。

李白的詩風飄逸壯美，杜甫則以沉鬱頓挫著稱。沉鬱指作品情調渾厚、意境深遠，頓挫指思想感情有節奏的震盪。

杜甫的詩現實主義強烈，憂國憂民，悲劇色彩普遍，透露出作者寬廣的胸襟和深厚的情感。

他的《茅屋為秋風所破歌》顯示了他的抱負與胸襟，讓人感受到一種高尚、沉重而有力的感情，使悲劇題材的作品充滿渾厚之意、沉鬱頓挫之感。

杜甫還創作了體制宏大的古詩、排律和大型聯章組詩，作品開闔起落、波瀾疊起，也利於發展沉鬱頓挫的風格。杜甫的詩勢，猶如李白的語言，奔湧而來，酣暢淋漓。

杜甫

25 「五言長城」指的是誰？

在盛唐與中唐之間相對沉寂的詩壇上，劉長卿是較為引人注目的詩人，號稱「五言長城」。

劉長卿在五言詩的創作方面，功底深厚，成就卓著。他的詩以描寫山水景物為主，亦能在景物描寫中寄託自己的情感。請看他著名的《逢雪宿芙蓉山主人》：

日暮蒼山遠，天寒白屋貧。
柴門聞犬吠，風雪夜歸人。

此詩語言平淡乾淨，然而造意清新，遠、近、動、靜相結合，無雕無琢之中達到了較高的藝術境界，很有一番風味。此類佳作確能使劉長卿獨步中唐。

劉長卿

知識小百科11

大曆十才子

中唐是唐王朝由盛轉衰之際，盛唐詩歌綺麗雄偉的氣派已不能表達「安史之亂」後的現實和精神狀況了，詩風由浪漫主義向現實主義轉變。元結、顧況等詩人倡導復古，在詩歌內容上開始著眼現實，杜甫、白居易代表了現實主義詩歌的成熟。

而在詩歌藝術上，以「大曆十才子」為代表，起到過渡作用，即以平淡省淨風格取代盛唐詩歌的瑰麗奇偉。十才子包括哪些人素有爭議，但作為詩歌風格上的一類代表，他們的詩歌特色是有一般定論的。他們以王維為宗，把田園風光作為主要題材，格律規整，字句精工，輕酬淺唱，情思綿邈。

劉長卿的取材和詩風與十才子有相似之處，只是他的造詣更高一些。而兩者的詩歌地位則都表現為是唐詩藝術轉變的過渡點。

26「以文爲詩」是指什麼？

何謂「以文為詩」？綜合歷代評論家的說法，大致是指：敘述性，即詩多記敘鋪陳；議論化，喜好以議論直言感受；並把散文的章法、句法、字法引入詩中，不太講究詩的平仄、音韻等。讓我們從例子中體會這三點。

韓詩多「賦」。其心之所思，目之所睹，信筆寫來，動輒數十百韻。如著名的《謁衡岳廟遂宿岳寺題門樓》，從南岳的顯赫崇高寫起，直至登山夜宿的所見所歷，境界開闊，色彩濃重，在變化多端的敘述中卻又脈絡分明。又如《山石》，猶如一篇遊記，敘述雖按時序，卻是筆意輕靈，從不同的角度融入詩人內心的感受，變換色彩、音響、形象，從而形成多層次的飽滿淳美的意境。

韓詩好發議論。如他在謁祭岳廟、占卜仕途吉凶之後，深沉感嘆：「竄逐蠻荒幸不死，衣食才足甘長終。侯王將相望久絕，神縱欲福難為功。」（《謁衡岳廟……》）這是詩人怒不可遏的感情激流的自然噴發。

韓愈善以古文章法為詩，也就是把行文謀篇、布局、結構的方法，把古文啟承轉合的氣脈，貫徹到詩歌創作裡。如《河之水寄子侄老成》：「河之水，去悠悠，我不如，水東流。我有孤侄在海陬，三年不見兮，使我心憂。日復日，夜復夜，三年不見汝，使我鬢髮未老而先化。」頗有散文的舒展之美。

韓愈以文為詩，是詩歌傳統表現手法的革新，為詩壇輸送了新的生命力，但以文為詩，削弱了詩歌語言的精煉和形象，可謂得失參半。

27 「郊寒島瘦」是指什麼？

蘇東坡以「郊寒島瘦」點明中唐著名詩人孟郊和賈島的詩歌特點。孟、賈二人都受到過韓愈的獎勵資助，有人把他們稱作「韓派詩人」，但二人在創作上與韓愈有著迥然不同的風格。

「郊寒島瘦」道出了兩位詩人創作上的共性，即詩歌格局上較為窄小，缺乏韓愈、李賀等人的氣勢。手法上雕詞琢句，嘔心瀝血，「二句三年得，一吟淚雙流」，是著名的苦吟詩人，給人寒瘦窘迫之感。

但二人仍有自己的個性。中唐的元和年間，孟郊已是享譽詩壇的耆宿，而賈島還是無名之輩，兩者相隔有一代。賈島對孟郊的詩曾潛心研究，有繼承也有創新。句子古樸，內容警策，風格平中帶奇，是繼承。然孟郊是五古大家，賈島卻把他的五言古詩具有的幽僻奇險意境引入五言律詩，在五律創作上取得了卓越成就。

孟　郊

28 韋應物與柳宗元的詩有哪些不同？

詩史上，清遠淡泊一派詩人，必以陶（潛）、王（維）、韋、柳並稱；而在中唐時期，以清遠而卓然成名家的，必舉韋、柳二人。

韋、柳的不同之處，簡言之，韋詩「出手稍易」，自然而若不經意；柳詩「構思精嚴」，頗見鍛鍊之功。風格上，韋詩「平和淡雅」，以「閑婉」勝；柳詩「刻削」、「峻潔」，以「清峭」勝。可以說，韋詩發展了陶潛「沖和」一路，清淡而渾然天成；柳詩則從陶潛「峻潔」一路發展，兼融謝靈運、杜甫詩風，筆法刻煉中見清淡。

29 元稹和白居易有著怎樣的詩風？

在唐代詩歌發展史上，元、白又是一對齊名並稱的詩人，二人是杜甫以後唐代最傑出的現實主義詩人。

元、白並稱，主要體現在他們親密的友誼和共同的創作傾向方面。二人推崇杜甫詩歌的現實主義成就，主張詩歌應該反映現實，反映生活，並共同倡導了在當時產生重大影響的新樂府運動。

元、白詩風相同，都善於創作敘事詩，吸取民間歌謠的特色，如新樂府詩，一事一題，首句標其目，卒彰顯其志，主題明確，語言通俗，且富於音樂性。形式上多用「三三七體」，即首句多用三言、七言句，音韻錯落而簡單流暢。白居易的《長恨歌》、《琵琶行》，元稹的《連昌宮詞》是當時廣泛流傳的名篇。

但無論是詩歌的思想性還是藝術性，白居易都更高一籌，正所謂「元淺白深」，且語言上白居易更有游刃的餘地。

知識小百科12

新樂府運動

唐代貞元、元和年間，白居易、元稹、張籍、王建、李紳等一批詩人，繼承杜甫的現實主義文學傳統，敢於面向生活，自覺地從生活源泉中掘取素材，寫下了大量賦詠新題材、運用新語言、標以新詩題的樂府詩，這就是文學史上著名的新樂府運動。

新樂府運動在詩歌理論上繼承古代詩歌的現實主義傳統，針砭時弊，白居易「文章合為時而著，歌詩合為事而作」的著名論斷是新樂府運動的創作綱領。在語言上，新樂府詩質樸無華，易於傳誦，並有和諧悅耳的音律。

中唐新樂府運動從李紳首作新題樂府二十首、元稹擇和十二首始，到白居易的《新樂府》五十首為高潮，成績卓著，標誌著唐詩迎來了衰而復興的新階段。清人趙翼稱讚這些詩「多觸景生情，因事起意。眼前景，口頭諺，自能沁人心脾，耐人咀嚼」。

30 「小李杜」指的是誰？

「小李杜」是指晚唐著名詩人李商隱和杜牧。晚唐詩壇恰如國運，由盛而衰，日趨沒落，但李商隱和杜牧卻異軍突起。他們的詩以獨創的風格，為頹廢的晚唐詩壇增添了生氣，開闢了新的意境，並使唐代詩歌形成初、盛、中、晚四個互相爭輝的歷史階段。

李商隱、杜牧都推崇李白、杜甫，繼承了關注社會、國家命運的寫作傳統，但兩人的風格截然不同。

清人劉熙載說：「杜樊川詩雄姿英發，李樊南詩深情綿邈。」（《藝概》卷二《詩概》）這話道出了他們各自詩風的特點。李商隱的詩，往往表現出深婉清麗，富於暗示色彩的藝術風格，具有情思婉轉、意境含蓄、工於比興、用典貼切等特點。最能體現他詩歌的這種藝術特色的，一類是詠史詩，一類是抒懷詩和愛情詩。他的《賈生》詩這樣寫道：「**宣室求賢訪逐臣，賈生才調更無倫。可憐夜半虛前席，不問蒼生問鬼神。**」如他《無題》中寫愛情的「**昨夜星辰昨夜風**」、「**相見時難別亦難**」等，富於象徵意味，具有雋永的情意，能引起人們豐富的聯想。

杜牧的詩歌，具有思想敏銳、情懷曠達的特點。論其風格，則可用「清新俊逸」來概括，他的長篇古詩如此，七律、七絕也是如此。這與李商隱恰恰相反。如被沈德潛譽為唐人七絕壓卷之作的《泊秦淮》：「**煙籠寒水月籠沙，夜泊秦淮近酒家。商女不知亡國恨，隔江猶唱後庭花。**」結尾兩句，詩人憂國憂民之情，猶如離弦之箭，直射而出。杜牧的寫景詩，

義山能為古文不喜偶對從事令狐楚幕楚能章奏遂以其道授之自是始為今體章奏
博學強記下筆不能自休尤善為誄奠之辭與太原溫庭筠南郡段成式齊名時
號三十六體文思清麗視庭筠過之

李商隱

不如李商隱濃郁，然氣韻清高，格調峻朗，如著名的《山行》。

牧之為人剛直有奇節自負經濟才畧不為齷齪小謹敢論列大事指陳利
病尤切少與李甘李中敏宋邧善其通古今善處成敗甘等不及有樊川集
二十卷并注孫武子十三篇其于詩情致豪邁人號小杜以別杜甫楊升菴
云律詩至晚唐李義山而下惟杜牧之為最宋人評其詩豪而艷宕而麗於
律詩中特寓拗峭以矯時弊信然
杜舍人

杜　牧

知識小百科13

唐詩與音樂

在唐代，文學與音樂都取得了極其輝煌的成就，雙峰對峙，交相輝映。兩者的聯繫主要表現在詩歌的聲律化、詩與音樂的混血兒——曲子詞、變文等方面。

至唐代，詩人們已經自覺地把聲律知識運用到詩歌創作中去，產生了日趨完善的格律詩，許多被樂工譜成歌曲，廣為傳唱。曲子詞又稱長短句，是隋唐以來的一種新民歌，即宋人稱的詞。文人最初創作的曲子詞大多類似絕句，至晚唐五代才發展為長短句。變文是一種民間說唱，最初弘揚佛教經義，後以說唱民間傳說、歷史故事為主。變文對以後的平話和戲曲藝術的發生、發展有一定影響。

31 蘇軾詩歌有哪些特色？

蘇軾才情橫溢，在詩詞方面有巨大的成就。其詩題材之廣，氣象之雄，意境之新，在宋代詩壇上可謂首屈一指。

蘇軾的詩篇將他一生的歷程、情感作了忠實的記錄，有多姿多彩的自我形象，有對民間疾苦的關懷，也有對國家命運的深深關切，可謂無事不入詩。

蘇軾有著極為非凡的想像力，飛天潛海，遨古遊今，任意馳騁，極有氣勢。宋詩多議論，遭後人批判，但蘇軾的議論詩乃以形象闡發道理，絲毫不減詩的感染力，如著名的《題西林壁》。蘇軾還善於用典，他學識淵博，才思敏捷，用起典故信手拈來，而又自然貼切。

蘇東坡

蘇軾筆力縱橫，作詩各體皆工，尤其擅長七言，讓我們在他的詩中體會他的白由揮灑吧：

《六月二十七日望湖樓醉書五絕》（其一、其二）

黑雲翻墨未遮山，白雨跳珠亂入船。
捲地風來忽吹散，望湖樓下水如天。
放生魚鱉逐人來，無主荷花到處開。
水枕能令山俯仰，風船解與月徘徊。

32 「蘇門四學士」指的是哪四位？

北宋詩人黃庭堅、秦觀、張耒、晁補之，都出自大文學家蘇軾之門，在當時號稱「蘇門四學士」。

四人中，黃庭堅文學成就最高，是江西詩派的領袖，其詩與蘇軾並稱「蘇、黃」，其詞與秦觀並稱「秦七黃九」。他的詩形體兼備，內容豐富，具有瘦硬老辣、新奇峭拔的風格。張耒也以詩出名，他的詩注重思想性，但忽視了藝術形式，缺乏感染力。秦觀以詞著稱，晁補之的主要成就也在詞上，他發展了豪放詞派。

下面我們就來欣賞一下黃庭堅的《雨中登岳陽樓二首》：

投荒子死鬢毛斑，生出瞿塘灩澦關。
未到江南先一笑，岳陽樓上對君山。

滿川風雨獨憑欄，綰結湘娥十二鬟。
可惜不當湖水面，銀山堆裡看青山。

33 陸游的詩歌取得了怎樣的成就？

陸游是著名的愛國詩人，也是中國詩史上最多產的作家，他「無詩三日卻堪憂」，勤奮創作，今共存詩九千三百餘首。

陸游的詩大多側面地展示了在金人侵佔中原時民族矛盾和階級矛盾尖銳的社會現實，並且毫無保留

陸　游

地表達了自己的肝膽肺腑。當他的理想與現實存在著巨大鴻溝時，他借助想像、誇張的手法，甚至飽浸激情的夢境，來一抒恢復國土的理想。因此他的詩不僅在內容上具有現實主義的基本特徵，而且又不乏浪漫主義的手筆。《書憤》一詩極好地展現了詩人的愛國主義情懷以及他的藝術風格：

早歲那知世事艱，中原北望氣如山。
樓船夜雪瓜洲渡，鐵馬秋風大散關。
塞上長城空自許，鏡中衰鬢已先斑。
出師一表真名世，千載誰堪伯仲間！

此詩是陸游被罷官閒居故鄉時所作的，詩中描述了作者的經歷和感受，概括了作者青壯年和老年兩個不同時期的遭遇和情感，突出地描寫了理想與現實的矛盾，表現出英雄無用武之地的巨大悲憤。全詩以「憤」為基調，感情由慷慨激昂轉入低沉悲壯，極盡沉鬱頓挫之妙，富有感染力。

34 文天祥的愛國詩篇有哪些？

文天祥是南宋宰相、抗元統帥、著名的民族英雄和愛國詩人。

他的詩以臨安淪陷為分界點，前期較平庸，後期繼承了杜甫現實主義的特點，從各方面反映了南宋軍民抗擊元軍入侵的史實，展示了他們強烈的愛國精神和崇高的民族氣節，詩風沉鬱悲壯。其中以《過零丁洋》和《正氣歌》最為著名，句句發自詩人肺腑，表現了詩人的浩然正氣和堅貞不屈的氣節，對後世志士仁人有巨大影響。

請看文天祥的《過零丁洋》：

辛苦遭逢起一經，干戈寥落四周星。
山河破碎風飄絮，身世飄搖雨打萍。
惶恐灘頭說惶恐，零丁洋裡嘆零丁。
人生自古誰無死，留取丹心照汗青！

35 元好問的詩有什麼樣的特色？

元好問是崛起於金代的一位鮮卑族詩人，學識淵博，才華出眾。他生於宋金、金元易代之時，作品或關心民生疾苦，或訴說離亂憂懷，反映了社會動盪、國破家亡的現實，因此他是一位傑出的現實主義詩人。他的名篇《論詩絕句》三十首，闡述了對漢魏至北宋主要詩人和流派的精闢見解。他選編的詩集《中州集》反映了金代詩歌的全貌。

讓我們看看他的詠史詩《岐陽三首》（其二），這首詩於元軍攻佔金朝鳳翔城時而作，詩風沉摯悲涼、蒼勁深沉：

百二關河草不橫，十年戎馬暗秦京。
岐陽西望無來信，隴水東流聞哭聲。
野蔓有情縈戰骨，殘陽何意照空城！
從誰細向蒼蒼問，爭譴蚩尤作五兵？

36 詞是怎樣形成的？

詞是一種配合音樂歌唱的新型格律詩體。它的產生與形成，依賴於音樂與詩歌的發展以及詩樂結合方式的演進。

隋唐時期，從西域傳入的音樂逐漸和漢族的傳統音樂融合，產生了燕樂。它與傳統的「雅樂」相對而言，稱為「俗樂」，當時的詞，就是和這種新興音樂的樂曲相配的歌詞。

詞的名稱，是和曲調相對而言的。唐代出現了「曲子詞」，最初在民間流行，如現存的敦煌曲子詞中的詞牌，較多採用《採桑子》、《南鄉子》、《西江月》、《菩薩蠻》等。至於文人創作的詞的出現，正如朱熹所說：「古樂府只是詩，中間卻添許多氣聲，後來人怕失了那氣聲，逐一添個實字，遂成長短句，今曲子便是。」氣聲是指當詩歌句式與樂曲句度不合時，添進去以調節兩者的虛聲。長短句克服了詩樂形式上的矛盾。

約從盛唐開始，由樂定詞，並開始講究聲律平仄，如李白的《清平樂》和《敦煌曲子詞》中的一些民間作品。至中唐作詞已漸成風氣，劉禹錫、白居易、王建等人填的一些小詞，以及當時不少民間詞，不僅句度參差，而且聲律錯互，標誌著詞體形式已經誕生了。可以說，詞是在吸收了近體詩的聲律規則以及雜言詩的長短句式基礎上形成的。

37 敦煌曲子詞有哪些特點？

曲子詞是隋唐燕樂的產物。燕樂促使大量固定曲度的樂曲流行，聲度詞成為普遍的歌辭創作方法，歌辭作為一種文學作品而產生，被稱為曲子詞。敦煌曲子詞，指從敦煌洞窟中發掘出來的作品。它是民間流傳的通俗文學，反映了曲子詞轉變為詞之前的形態，與文人的創作有很大的區別。

從內容上看，主題豐富、題材廣闊是敦煌曲子詞的顯著特點。正如《敦煌曲子詞集》所說：「有邊客遊子之呻吟，忠臣義士之壯語，隱君子之怡情悅志，少年學子之熱望與失望，以及佛子之讚頌、醫生之歌訣，莫不入調。」它的作者隊伍非常廣泛。

從形式上看，樸實自然，流利清新，富於表演性和故事性，是敦煌曲子詞的特徵。詞一般僅以單片或雙片成篇，而敦煌曲子詞常用多首乃至數十首聯章的體裁。這裡的原因是：詞經過了樽前、花間的酒筵小唱階段，而曲子詞直接來自於「反覆以競勝」的民間歌壇踏歌。詞的藝術手段常為單純的情景描寫，而敦煌曲子詞則採用了對話（如二組《搗練子》「孟姜女」）、問答（如《南歌子》「風情問答」）、第一人稱代言（如《鳳歸雲》「魯女堅貞」）、故事敘述（如《酒泉子》「犯皇宮」）等豐富的性格化、情節化表現手法，它們可以分別追溯到民間表演藝術的角色對唱、「款頭」、「戲弄」、「說話」等形式。這表明：詞源於單純的歌唱，而曲子詞則從戲劇和曲藝中廣泛吸收了藝術形式。此外，敦煌曲子詞的語言是通俗生動的，「兩眼如刀」的容貌描寫，「把人尤泥」的情態描寫，「纖手令行匀翠柳」的動作描寫，「一隻銀瓶子兩手拴」的比興，都為文學描寫提供了新的語彙。《菩薩蠻》「溪邊舞」連用十組疊字描摹江畔舞蹈，《菩薩蠻》「千般願」連舉七種不可能之事比喻愛情的堅貞不渝，表現了修辭手法上的大膽創造性。這些藝術方法，充分表現了敦煌曲子詞的語言音樂性。

38 「花間詞人」指的是什麼？

五代時，後蜀趙崇祚收錄了溫庭筠、皇甫松、韋莊等十八家詞，共五百首，編為《花間集》，這些作家詞風上大體一致，後世稱他們為「花間詞人」或「花間派」。

花間派的主要代表是晚唐的溫庭筠。

他精通音律，熟悉詞調，「能逐弦吹之音，為惻豔之詞」（《舊唐書・溫庭筠傳》），是我國文學史上第一個大量寫詞的文人。他的詞現存六十多首，多寫閨情。部分詞對一些婦女的不幸遭遇有所同情，同時也流露了他被排擠而產生的不滿情緒。溫詞風格穠豔，聲律諧和，詞義含蓄，耐人尋味，如《菩薩蠻》（「小山重疊金明滅」）、《更漏子》（「玉爐香」）。可以說，在詞的藝術方面，溫庭筠有很高的成就，這有助於後來詞的藝術特徵的形成，對詞的發展起了推動作用。但是，他的詞題材比較狹窄，表現過於柔弱，詞句也過於雕琢，給當時和後世帶來了一些消極的影響。

溫庭筠
飛卿理鬢思來即罷櫛綴文詩賦韻格清拔文士稱之善鼓琴吹笛云有絲即彈有
孔即吹不必柯亭爨桐也著乾𦠆子其書久不傳

溫庭筠

花間詞人中和溫庭筠齊名的是韋莊。

他的詞現存五十餘首，語言清麗，多用白描手法寫閨情離愁和遊樂生活，如《女冠子》二首、《菩薩蠻》五首等。特別是《菩薩蠻》五首，繼承了白居易、劉禹錫《憶江南》等作品的風格，用淺白如話的語言直抒情懷，開創了南唐馮延巳、李煜詞風的先河。在花間詞人中，韋莊的詞和溫庭筠一樣，是比較有內涵的。

39 李煜是怎樣的一位詞人？

李煜是南唐中主李璟的第六子，後繼承父位做了皇帝，稱南唐後主。他的詞流傳下來的僅三、四十首，數量雖少，但藝術成就很高，因而使他置身於詞壇第一流作家之列，歷來評論家對他的詞都極為推崇，如王國維《人間詞話》說：「詞至李後主而眼界始大，感慨遂深，遂變伶工之詞而為士大夫之詞。」

李煜詞以南唐滅亡前後為分界線，大致可分為前後兩期。前期詞不少以宮廷生活為素材，這與他的帝王身分密切相關。這些詞在藝術技巧上雖不無獨到之處，但內容多不足取，只有那些描寫離情別緒的抒情

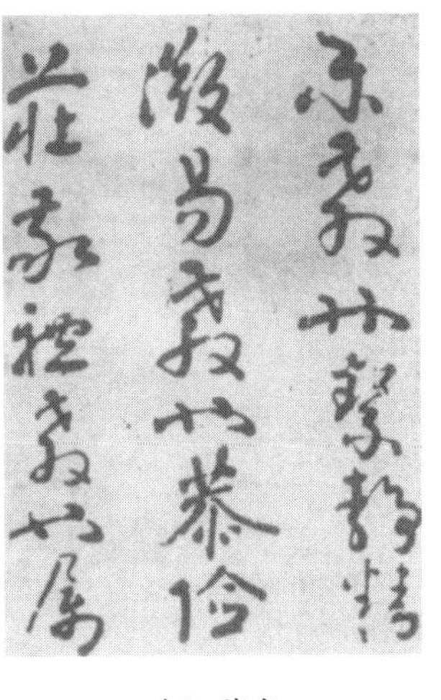

李煜草書

小詞，倒給人以清新之感，如《清平樂》：

別來春半，觸目柔腸斷。砌下落梅如雪亂，拂了一身還滿。雁來音信無憑，路遙歸夢難成。離恨恰如春草，更行更遠還生。

上半闋主要寫景，但於景中寓情，情景融為一體。「砌下落梅如雪亂，拂了一身還滿」，把詞中主人翁因思念遠人幾乎到了如癡似呆的地步的神志，細膩而形象地刻畫了出來，顯得格外傳神。結句以連綿的春草比喻離恨的綿綿不絕，這樣就將抽象的思維活動化成具體的可以感觸的東西，可見其藝術手法的高明。

李煜後期的詞，是他當了俘虜之後被拘留在汴京時寫下的，一些膾炙人口的傑作多出於此時。應該說他後期的詞作，其藝術成就遠遠超過前期。從皇帝淪為階下囚的命運，使他的詞題材擴大了，思想也顯得更深沉，王國維說他的詞「感慨遂深」，主要就是指這些作品而言。

李煜的一生，是悲劇的一生。作為一個感情豐富的詞人，他能將自己心靈深處的痛楚，生動而細緻入微地反映在作品之中。他後期的作品簡直就是用愁與恨的經緯線交織而成的：「多少恨，昨夜夢魂中」（《望江南》），「自是人生長恨水長東」（《烏夜啼》），「人生愁恨何能免，銷魂獨我情何限」（《子夜歌》），「問君能有幾多愁？恰似一江春水向東流」（《虞美人》）。從這裡我們可以看到，正是這無窮無盡的愁與恨，構成了他後期作品的主要基調，打動了千百年來讀者的心。

李煜的詞，有的融情入景，委婉含蓄，韻味無窮，也有的直抒胸臆，感情強烈，但都有一個「真」字貫穿其中。《蕙風詞話》說：「真字是詞骨，情真景真，所作必佳。」這很好地揭示了李煜藝術成就的奧秘。

40 柳永在文學上有哪些貢獻？

北宋仁宗年間，出現了專門致力於慢詞寫作的文人柳永。他原名三變，仕途不得志，晚年做過屯田員外郎的小官，世稱柳屯田。他一生潦倒，但在詞的發展史上卻有極大的貢獻。柳永慢詞的大量創作，擴充了詞的體制、容量，有助於表達更為複雜的情感，並為宋詞的進一步繁榮打開了局面。

在題材內容的開拓方面，柳永將都市風貌、市民生活和失意文人的羈旅愁情帶進詞的領域，給傳統的狹隘題材增添了新的社會生活內容，對於詞的發展也有一定的意義。《樂章集》中諸如《傾杯樂》（禁漏花深）、《笛家》（花發西園）、《木蘭花慢》（拆桐花爛漫）等等，無論描寫帝京風光、節日盛況，還是江南都會的奢豪富足，都能繪聲繪色、生動形象地反映出十一世紀中葉中國社會經濟的繁榮和都市人民的風俗習慣。柳詞中一些贈詞能深懷同情，表達出真摯的情愛：「衣帶漸寬終不悔，為伊消得人憔悴。」深寓其懷才不遇的感慨，給人以強烈的藝術感染。前人評其「漸霜風淒緊，關河冷落，殘照當樓」（《八聲甘州》），大有唐詩之妙。

柳永還一反詩詞多用比興的傳統，創造性地運用賦體層層鋪敘的手法來抒情寫景，為後人提供了豐富的藝術經驗。代表作《雨霖鈴》抒寫惜別的深情，上篇從離別的時間、地點、景物，引出蘭舟催發、淚眼相對的特定場景，下篇又以虛筆擬寫別後孤獨寂寞的情懷，層層遞轉，反覆鋪寫，造成極濃的抒情氣氛。其中「今宵酒醒何處，楊柳岸曉風殘月」二句，自問自答，情景兼融，寫出了天涯飄零的真切感受，成為千古傳誦的名句。《夜半樂》寫江南的旅況，陳銳《褒碧齋詞話》評論說：「『怒濤漸息，樵風乍起，更聞商旅相呼，片帆高舉，泛畫鷁翩翩過南浦。』此種長調，不能不由此大開大闔之筆。」並舉出吳文英《鶯啼序》，認為「三、四段均用此法」，這種鋪敘展衍、開闔自如的筆法，被奉為「屯田家法」，後世凡作慢詞者，無不採用此法。

41 歐陽修在宋代文壇上有著怎樣的影響？

歐陽修是北宋詩文革新的領袖人物，在詩歌、散文以及詞的創作上都有很高的成就。南唐詞人和花間詞人對宋初詞壇產生了巨大影響，作品以表現男女之間離別相思為主題，宋初作者為擴大表現內容而做出過努力，但主導傾向未變，歐陽修的詞即作於這種詞風欲變未變之際。

他的作品中約四分之三是表現離別相思、歌舞宴樂等內容的，詞調以小令為主。在藝術風格上，較前人有所發展，如《踏莎行》：

候館梅殘，溪橋柳細，草薰風暖搖征轡。離愁漸遠漸無窮，迢迢不斷如春水。寸寸柔腸，盈盈粉淚，樓高莫近危欄倚。平蕪盡處是春山，行人更在春山外。

此詞在「情」、「愁」刻畫上，深沉委婉，尤見功力。這類詞作，對秦觀、李清照等婉約派詞人有較大影響。

另外四分之一的作品，在詞的題材開拓上做出了有益的探索，如詠史、詠物，寫都市生活、時令節俗，尤其是三十多闋言志述懷之作，描述了作者豪邁坦蕩的胸懷和對仕途風波的深沉感慨，意境開闊雄放。《朝中措·送劉原父守揚州》為這類詞的代表作：

平山欄檻倚晴空，山色有無中。手種堂前垂柳，別來幾度春風。文章太守，揮毫萬字，一飲千鍾。行樂直須年少，尊前看取衰翁。

首句突兀而起，大氣雄渾，對故地的懷念，深沉而不低落；下篇則表現了豁達邁遠、至老不衰的胸懷。此詞實有東坡豪放詞之先聲。

歐詞中詞風逐漸轉變的趨勢，得到後世的廣泛重視，清代馮煦認為歐詞「疏雋開子瞻（蘇軾），深婉開少游（秦觀）」，充分肯定了其在宋代詩壇的作用。

42 蘇軾在詞風上有怎樣的開拓？

從唐宋代以來，詞的代表風格始終轉不出兒女情長、悲歡離合的圈子，蘇軾詞一出，才扭轉了詞壇百餘年的頹風，大大開拓了詞的意境和表現手法，為宋詞打開了新局面。

蘇軾在詞壇上開創新風，衝破了所謂傳統「詩莊詞媚」的界限。他的創調具有明確的針對性，因為柳永是當時傳統詞風的最負盛名的代表，所以蘇軾作詞，正是有心以柳永作對壘而別開生面。他在《與鮮于子駿書》中公開表白：「近卻頗作小詞，雖無柳七郎風味，亦自是一家。」又據俞文豹《吹劍續錄》載：「東坡在玉堂日，有幕士善歌。因問：『我詞何如柳七？』對曰：『柳中郎詞，只合十七八女郎執紅牙板，歌楊柳岸曉風殘月；學士詞須關西大漢，銅琵琶、鐵綽板，唱大江東去。』東坡為之絕倒。」後人據這些記載，遂定詞有兩派，柳永式的傳統詞為「婉約派」，蘇軾風的詞為「豪放派」，蘇軾亦被認為是「豪放派」的開派人。這種觀點在文學史上很有影響。

蘇東坡

他的早期詞，如寫富春江七里瀨的《行香子》（「一葉舟輕」）、詠錢塘潮的《瑞鷓鴣》（「碧山影裡小紅旗」）、抒鄉情的《卜運算元》（「蜀客到江南」）等，都以清峻明淨、造意深遠為特色，呈現出與傳統穠豔細膩詞的異趣。這是蘇軾詞的第一階段。從第二階段，即熙寧七年（一〇七四）從密州到貶居黃州的七八年間，詞風才轉入可以稱之為「豪放」的格調。其徵兆初見於《沁園春．赴密州早行馬上寄子由》，請看這首詞的下闋：

當時共客長安，似二陸初來俱少年。有筆頭千字，胸中萬卷。致君堯舜，此事何難。用舍由時，行藏在我，袖手何妨閒處看。身長健，但優游卒歲，且鬥尊前。

既以議論入詞，又用經籍語抒懷述志，慷慨豪放，這是前人詞中前所未有的。接著便有堪稱豪放詞代表的於次年冬所作的《江城子．密州出獵》（「老夫聊發少年狂」）、熙寧九年（一〇七六）中秋所作的《水調歌頭》（「明月幾時有」）、元豐元年（一〇七八）在徐州上任作的《陽關曲》（「受陽城下紫髯郎」）、元豐三年（一〇八〇）在黃州時作的《滿江紅》（「江漢西來」）和元豐五年所作的《念奴嬌．赤壁懷古》等一系列膾炙人口的名篇。

蘇軾「以詩為詞」，努力擺脫了「淺斟低唱」的曲子詞的束縛，使詞從樂曲的附庸中獨立出來，真正成為一種表現力更為豐富的韻文體裁，這是蘇軾最大的貢獻。在蘇軾的影響下，同時代的北宋詞人如黃庭堅，稍後如周邦彥，都擺脫了詞一味綺麗的狹窄風格，豐富了詞的意境、情調；南宋的辛稼軒等詞人，也充分發揮了詞的抒情潛力，使宋代詞壇百花爭豔。

43 秦觀的詞有哪些特色？

秦觀是北宋詞壇的巨擘，在詩歌上取得了多方面的成就：因其通俗鋪衍之習而以「秦柳」並稱；因其婉約詞之登峰造極而以「周秦」並稱；因其詞風明淨而譽為「後主以來一人而已」等等。其創作成熟期的作品，充滿強烈真摯的感情力量和愁苦淒涼的感傷色彩，語言清新流利，筆法委婉細膩。

秦詞的成就首先體現在語言藝術上。他的語言具有清新流利、明白暢通、錘煉工協的特點，很少使用典故和僻字。《江城子》「西城楊柳弄輕柔」明快不隔，賦中帶比，一氣貫注；《浣溪沙》「漠漠輕寒上小樓」恬淡雅致，工巧流麗。晚年作品感情力量尤強，語言更是傾筆直瀉，《踏莎行》、《阮郎歸》諸首，伴隨著感情的變化，語言節奏感極為分明。《淮海詞》的大多數篇章，或如小橋流水，潺潺清朗，或如深谷幽流，黯淡冷漠，但都有明快不隔、清澈透底的流水般的特點。這種優美的抒情語言，上承李煜，

秦　觀

下開李清照，為婉約詞中的清疏一流。

意境優美，也是秦詞的藝術特徵之一。秦觀長於抒情，並且有很高的狀物寫景的本領，所以秦詞在情景交融上功力獨到，極富韻味。《踏莎行・郴州旅舍》慘淡淒迷，朦朧昏暗；《臨江仙》「千里瀟湘」明淨高遠，時見淒涼；《浣溪沙》「漠漠輕寒」；《如夢令》「遙夜月明」；《南歌子》「玉漏迢迢」；《鵲橋仙》「纖雲弄巧」等，皆有獨特而鮮明的意境，並富有色調的變化。後人所謂「辭情相稱者，唯少游一人而已」，言非虛語。秦詞還善於以景結情，凝情於景，如《滿庭芳》「曉色雲開」，詞人通過回憶汴京舊遊的歡樂，感慨眼前的困頓，敘說之餘，末句又以「憑欄久，疏煙淡日，寂寞下蕪城」作結，將說不盡的人生之感寄於這幅荒城日暮圖中，省掉了贅筆，而形象更突出了。

秦詞的章法和句法，也極有精到之處。宋初詞人講究字句錘煉，如張先、宋祁等，重句輕篇的現象比較嚴重；柳永講究章法鋪敘，於字詞句不甚考究。秦觀注重取二者之長，結合整篇意境進行字句錘煉。《滿庭芳》一闋，「抹」、「黏」的煉字，「寒鴉萬點，流水繞孤村」和「高城望斷，燈火已黃昏」的點化，使作品文辭精要，警句疊出，然皆與整篇情緒緊密結合，有篇有句，不愧獲得「山抹微雲君」的雅號。秦詞結構安排和時空變化也比較豐富，比起柳永的鋪彩文來，秦觀長調的表現能力顯然更強。《八六子》結構上大幅度的時空跌宕是前人詞中少見的。《滿庭芳》「曉色雲開」則打破了換頭換意的寫法，這類揮灑與精致相結合的結構藝術和高超的遣詞造句能力，對北宋詞壇產生了深遠的影響，對後來的周邦彥尤有啟迪。

44 「花間第一流」指的是哪一位文學家？

中國幾千年燦爛的文學史上，地位顯著的女作家寥寥無幾，李清照以其「自成一家」的藝術風格雄踞一席，尤以詞見長。

清照的詞，音調清新，格調高雅，達到了很高的藝術境界。其顯著特點是她的詞能和生活相激盪。清照的一生，在前期，是青春的憧憬，是美滿幸福的愛情生活；在後期，是孀居的孤苦，是蕭條流離的淒惶晚景。她個人生活境遇的變遷，在作品中得到鮮明的反映。故其詞早年多清新嫵媚，晚年多淒清淡靜。

早年一部分抒寫少女心情的詞，清麗婉秀，明快活潑。大多寫的是青春時對於戶外生活的愛好和對於自由幸福的追慕。如《點絳唇》「蹴罷秋千」中刻畫了少女那多情的內心世界和嫵媚婀娜的外表情

李清照

態，形象鮮明，活潑而富有生趣。《如夢令》「常記溪亭」，描述姑娘郊遊的歡樂，在輕快的節拍中傳達出作者少年時開朗愉快的心情和樂觀的性格。她前期還有一部分作品是表現真摯的夫婦之愛、抒寫離愁別恨的。清照婚後生活在美滿幸福的藝術家庭中，她和趙明誠兩人伉儷相愛，日常鶼鰈相依。然而經歷過風波失所，便釀成了千迴百折的詞風。如《一剪梅》、《醉花陰》、《鳳凰臺上憶吹簫》這些傳誦一時之作，都極其豔麗，極其溫存。

靖康之亂，清照被捲入戰亂的洪流。自南渡以後，她飽嘗了人世凄涼，直至晚年，更是滿目愁慘。因生活環境之變易，故所作詞亦變而為蒼涼激越。後期之作，所表現的是那種傷離感亂、凄楚哀苦的心境和悲痛的感情。她眷懷國家，眷念著已失的北方故土。如《菩薩蠻》「故鄉何處是？忘了除非醉」，《蝶戀花》「空夢長安，認取長安道」，都表現出她對淪陷的中原故鄉的深切懷念。再如《永遇樂》，詞人將個人的命運與國家民族的命運融合在一起，抒發自己的憂憤。清照的詞《聲聲慢》，是後期詞中的傑作，概括而集中地反映了南渡以後她自己的生活狀況和精神面貌。境界之逼真，情緒之迫切，寫盡了她煢獨凄惶的天涯淪落之悲。清照晚年的國破家亡之恨，流離患難之苦，激發了她的愛國熱情，以致構成了她後期那種憂憤深沉、凄壯感愴的詞風。

清照早期和晚年的詞，都在抒情藝術上取得了很高成就。感情性質越濃，她寫得越淡，婉約細深，意境淡遠，幽雅之下藏深厚，味之不盡。她精通音律，詞聲調和諧，音韻流轉，後有人稱其如「大珠小珠落玉盤」。

知識小百科14

「別是一家」的詞學理論

李清照不但寫出了感人肺腑的詞作，還在詞史上寫出了第一篇詞學理論——《詞論》。《詞論》敘述詞的源流演進，總結前人的優缺點，指出詞體的特點和創作要求。她提出了三個要點，即詞的雅俗問題、音律問題、詞「別是一家」說。前兩點是為論證最後一點而闡述的。

李清照認為樂歌和詞曲密不可分，詞是「歌詞」，必須有別於詩，「別是一家」，詞在協音律、思想內容、藝術風格、表現形式等方面，都應保持自己的特色。她具體提了以下幾點：

◎高雅。認為柳永「辭語塵下」。

◎渾成。不滿張先、宋祁等「有妙語而破碎」。

◎協樂。要分別五音六律和清濁輕重，認為晏殊、歐陽修、蘇軾之詞不足在「句讀不葺之詩」。

◎典重。認為賀鑄「少典重」。

◎鋪敘。認為晏幾道「無鋪敘」。

◎故實。認為秦觀「專注情致，而少故實」，黃庭堅「尚故實而多疵病」。

清照對於那些疏於音律或毫無詞境的作品提出批評，矯正詞風，而開詞之文學批評理論先河，更是意義不凡。

45 辛棄疾的詞有哪些特色？

辛棄疾是著名的愛國詞人，在報國無門、恢復中原無望的情況下，將全部才情傾注於詞，在詞的題材、意境、風格、技巧上都取得了成就，是南宋最傑出的詞人之一。

辛詞以豪放著名，題材廣泛，內容豐富，大多寫得悲壯激昂。詞中「**他年要補天西北**」（《滿江紅．建康史帥致道席上賦》）的報國宏願，「**馬革裹屍當自誓**」（《滿江紅．漢水東流》）的戰鬥誓言，「**把吳鉤看了，欄杆拍遍，無人會，登臨意**」（《水龍吟．登建康賞心亭》）的不平之鳴，都貫注著慷慨激烈和悲壯蒼涼的感情，體現出豪爽的英雄本色。

辛棄疾創造了雄奇闊大和瑰麗奇偉的意境。辛棄疾的戰鬥經歷、報國宏願，以及過人的才識、膽略、豪氣，使他在詞裡所表現的往往是闊大的場面、飛動的形象。比如，他寫群山是「**疊嶂西馳，萬馬迴旋，眾山欲東**」（《沁園春．靈山齊庵賦》）；寫江潮是「**截江組練驅山去，鏖戰未收貔虎**」（《摸魚兒．觀潮上葉丞相》）；形容雪景是「**千里玉鸞飛**」（《水調歌頭．觀雪》）；描繪長橋是「**千丈晴虹**」（《沁園春．再到期思卜築》），不僅色彩鮮明，動態宛然，而且畫面開闊無比。

對理想的熱烈追求，也使辛棄疾常馳騁在浪漫主義想像中，以夢幻的形式表現對理想生活、光明世界的嚮往，如他的《太常引．建康中秋夜為呂叔潛賦》：

一輪秋影轉金波，飛鏡又重磨。把酒問姮娥：被白髮、欺人奈何？乘風好去，長空萬里，直下看山河。斫去桂婆娑，人道是、清光更多。

上闋寫對著皎潔的月光，想到宮中長生不老的嫦娥，不由發出功業無成、年光虛擲的慨嘆。下闋幻想自己翱翔長空，直入月宮，斫卻月中桂，以使人間清光更多，寄託鏟除奸佞、澄清神州的理想。詞中轉動的金波、重磨的飛鏡、乘風升天行的神遊、斫卻月中桂的壯舉，構成一幅奇異瑰麗的藝術境界。

辛棄疾醉裡挑燈劍

在運用語言上，辛棄疾亦有著高超的能力，他打破詞與詩文的界限，善於融詩文入詞。如《賀新郎．甚矣吾衰矣》中「白髮空垂三千丈」把李白的詩用於詞中，渾成自然。另外，他的詞語不僅豪放，而且語言或慷慨，或清麗，或委婉，風格多樣，不拘於一體一式。

46 「詞中之聖」指的是誰？

姜夔是南宋詞人、詩人，生活在宋金對峙、南北妥協時期。前人對他在詞史上的地位評價甚高，譽為「詞中之聖」（《七家詞選》），「文中之有昌黎（韓愈）」（《詞林紀事》）。

姜夔一生布衣，為人狷介清高，張炎用「清空」來概括他的詞格，說「如野雲孤飛，去留無跡」。

姜詞有的作品詠嘆時事，如《揚州慢》反映金兵侵擾後江淮一帶的荒涼，《永遇樂》「雲隔迷樓」激勵愛國志士恢復中原；有的作品感念舊遊，描述旅況，如《玲瓏四犯》、《探春慢》反映作者的襟懷落寞、身世淒苦；有的作品眷懷戀人，如《長亭怨慢》、《踏莎行》，執著莊重，一往情深；有的作品托物寄情，如《暗香》、《疏影》的詠梅詞，托喻君

姜　夔

國，感嘆今昔，舊日豪情一氣流走，對梅一往情深。

姜夔講究律度，多自己製曲，格高韻響，婉轉動聽，他有十七首詞自注工尺旁譜，是研究宋代詞樂的珍貴資料。

47 清「浙西詞派」是怎樣得名的？

清詞中的浙西派由朱彝尊創始，他為改變明詞纖弱浮華的風習，挽救詞的衰落，與好友汪森選編宋以來的詞作，編為《詞綜》，作為學詞的範本，創作上標榜醇雅，推崇南宋的姜夔、張炎。與他同調的有李良年、李符、龔翔麟等，他們彼此唱和，影響很大。龔翔麟將各家詞作合為《浙西六家詞》於世，浙西詞派由此得名。浙西派後期的盟主是厲鶚，他把該派提倡的「雅」與《詩經》中的「風雅頌」之「雅」同等看待，同時又提出「清」的審美要求，發展了浙西詞派的理論。

朱彝尊的大部分作品寫瑣事、記宴遊，有的詞作是弔古飾今之作，如《賣花聲．雨花臺》，充滿著江山依舊、人事全非的悲傷。詞工精細，流麗清暢的風格近於張炎。後期盟主厲鶚詞風骨秀神閒，清遠超脫，聲調和諧，與姜夔相近，為後世提供了更為醇雅的範本。

48 元代散曲比較有名的作家有哪些？

元代是中國散曲發展的黃金時代。金末至元亡的一百多年間，散曲從民間的「俗謠俚曲」開始發展，後逐漸由文人作品佔主導，風格由粗獷直率轉向雅正典麗。我們擇重介紹幾位主要作家：

關漢卿，前期著名散曲家。他的作品，或寫離愁別恨，或描寫自然景物，或記敘愛情，或表現自己。時而悲歌慷慨，時而風流豔冶。傳情寫態，曲盡其妙。曠達之中包含著深沉的時代悲哀，清麗委婉之詞有雋美圓潤之致。小令以活潑深切、晶瑩婉麗見長，散套有豪辣灝爛、痛快淋漓之感。語言通俗，既自鑄偉詞，又擅用口語，有鮮明的本色化特點。

馬致遠是元代最負盛名的散曲作家。他的作品表現了對醜惡現實的不滿，對功名利祿的否定，在悲憤和頹喪

關漢卿

之中，反映了不同流合污的思想情操。其作品的主要特點是：形象鮮明，意境高遠，語言精煉，聲調和諧。套曲〔雙調夜行船〕《秋思》和小令〔天淨沙〕《秋思》典型地表現了這種風格。

王實甫留世的散曲極少，而賈仲明說他「作詞章，風韻美，士林中等輩伏低」，說明實甫散曲成就很高。他的作風綿密婉麗，旖旎多姿。《太和正音譜》說其詞「如花間美人」，正是這種風格的形象表述。

張可久，元後期最著名的曲家。畢生專作散曲，傳世作品有八百餘首。內容或寫景言情，或感懷不遇，缺乏對現實生活的描寫。藝術上注重格律與煉句，講究對仗，經常擷取前人詩詞名句入曲，使散曲詩詞化，離開了散曲本色特點。但作者能於雕琢中不失自然，清麗中不失穠豔，形成了文人散曲的新作風，對後世散曲發生了很大影響。

知識小百科15

散曲的分類

散曲與詞一樣，起源於敦煌曲子詞的民間長短句歌詞。從中晚唐開始，經過數百年的發展，到金滅北宋以後，吸收了不少著名的南北民歌和曲藝演唱形式，並借鑒北方少數民族樂曲，逐漸形成了一種有南北之分的新詩歌形式，即散曲。我們講的散曲，主要指北散曲，它比元雜劇出現得早。元曲主要指元雜劇和金元時期的北散曲。散曲和雜劇都稱為曲，但散曲是詩歌，雜劇是戲劇。

散曲基本上分成兩大類，即小令和套數。小令又叫葉兒，是散曲的基本單位，它是一首獨立的小曲，有一個單獨的曲牌名，如〔水仙子〕、〔新水令〕等，不同的曲牌不僅字數不同，每句的長短不同，而且平仄和押韻也不一樣。如果作者表達的內容比較複雜，一支小令難以容納，還可以把兩三支宮調相同、音律能協和連唱的小令聯結在一起（最多只能三曲），這種形式稱為帶過曲，即一曲帶上另外一、二支曲子的意思。如〔雙調．雁兒落〕帶〔得勝令〕、〔南呂．罵玉郎〕帶〔感皇恩〕、〔採茶歌〕。帶過曲的組合有一定規律，它必須內容銜接、節奏和諧、渾然一體。帶過曲仍屬小令範疇，不過是小令的變體。套數又叫套曲，它吸收了宋大曲、轉踏和諸宮調的聯套方式，把同一宮調的許多曲子聯綴在一起。套曲要求有頭有尾，少則兩三曲，多則不限。多達三十支以上的套數，聯綴時有一定的順序，一般用一、二支小曲開端，用「煞調」「尾聲」結束。套數必須一韻到底，它標調的方式是以宮調和第一支曲的曲牌作為調名，如馬致遠的名曲〔雙調．夜行船〕《秋思》由七支曲子聯綴而成，而第一支曲子〔夜行船〕就和宮調名列在一起，作為套曲的標名。

49 馬致遠的散曲有哪些特色？

馬致遠是元代傑出的散曲作家，在元散曲家中具有領導群英的地位。他的小令取得了巨大藝術成就，名篇流傳廣泛。

馬致遠的小令兼具豪放和清麗的特點，語言在本色流暢中摻入了一些文人慣用的辭彙與句法，因而為後人所推崇。能夠代表他的豪放風格的小令如《閱金經．失題》：

夜來西風勁，九天雕鶚飛，困煞中原一布衣。悲，故人知未知？登樓意，恨無上天梯。

曲子反映了一個知識份子在仕途上的失意以及由此而產生的豪爽氣質，字裡行間流露出一種兀傲不平之氣。

馬致遠描寫自然景物一類的小令，大多寫得清新自然，表現為另一種風格，這種風格更能代表他的藝術成就。在這類題材的作品中，《天淨沙．秋思》是他的絕唱：

枯藤老樹昏鴉，小橋流水人家，古道西風瘦馬。夕陽西下，斷腸人在天涯。

曲子很短，一共只有五句二十八字。前三句每句都用三種景物組成，三句共寫了九種景物，組織巧妙，構成了一幅真實動人的秋野夕照圖，並且準確地刻畫出了旅人淒苦漂泊的心境。

馬致遠對散曲的貢獻，除了擴大曲的題材內容外，更主要的是提高了曲的意境。他的小令風格多樣，意境優美，語言凝練，自然流暢，藝術上有獨到之處。

50《晏子春秋》是怎樣的一部文學作品？

《晏子春秋》是一部記敘春秋時代齊國晏嬰的思想、言行的書，是中國最早的一部短篇小說集，由戰國時人編撰而成。

今本《晏子春秋》共八篇，二百一十五章，每章記述一事，以晏子勸諫景公治國利民、賢明為政的內容居多。書中較富於文學意味的是記述有關晏子行事的一些傳說故事，如《崔慶劫齊將軍大夫盟》、《景公夜從晏子飲》、《晏子乞北郭騷米》等。情節生動，語言簡潔，突出了晏子的形象。在最為人熟知的《晏子使楚》中，作者善於抓住富有典型意義的事件，運用簡潔流暢的語言進行描述，引人入勝，具有感人的藝術魅力。請看：

> 晏子使楚，以晏子短，楚人如小門於大門之側而延晏子。晏子不入，曰：『使狗國者，從狗門入；今臣使楚，不當從此門入。』儐者更道從大門入，見楚王。

三言兩語便將晏子臨難不懼、機智敏捷、談笑風生的形象躍然紙上。

51《世說新語》的主要內容是什麼？

《世說新語》是中國魏晉南北朝時期「誌人小說」的代表作，編撰者是南朝宋臨川王劉義慶。跟「誌怪小說」之著重記述神怪異聞不同，「誌人小說」主要是記述人物的言行事蹟。

《世說新語》依內容分為《德行》、《言事》、《政事》、《文學》等三十六門類，每類收有若干則，全書共一千多則。每則文字多寡不同，有的篇幅較長，一般是數行即盡，也有的只是三言兩語。

《世說新語》主要記述東漢末年經三國至兩晉時期士人的生活和思想，對統治階級的情況也有所涉及。各篇通過記錄許多人物的奇聞軼事和生動言談，具體形象地反映了當時的社會風貌，尤其是士族階層的生活狀況、文化習尚乃至他們的精神世界。魯迅先生的著名論文《魏晉風度及文章與藥及酒之關係》中所論魏晉士人風度和文學跟吃藥、飲酒、清談的關係，在《世說新語》中都有很生動的描述。把魯迅這篇論文和《世說新語》結合起來閱讀，是很有趣也很有益的。

《世說新語》語言的主要特點是高度的準確、簡潔，有較強的表現力。

如《方正》有一則記小孩陳元方與來客對答的故事，生動有趣：

陳太丘與友期行，期日中，過中不至，太丘捨去，去後乃至。元方時年七歲，門外戲。客問元方：「尊君在不?」答曰：「待君久不至，已走。」友人便怒曰：「非人哉!與人期行，相委而去。」元方曰：「君與家君期日中，日中不至，則是無信；對子罵父，則是無禮。」友人慚，下車引之，元方入門不顧。

《世說新語》簡略地描繪出人物的品性、才能、風範，用詞精當。另外，書中還經常運用對照、比喻等表現手法，富有形象性，留下了許多佳言名句，如「飄若游雲，矯若驚龍」，「千岩競秀，萬壑爭流」，「懸河瀉水，注而不竭」。《世說新語》的許多故事典故還是後世作家取材的寶庫。

52 唐代傳奇代表作品有哪些？

唐代傳奇作者中，史學家沈既濟首先崛起，他的傳奇今存《任氏傳》、《枕中記》兩篇，流傳頗廣。

《任氏傳》述貧窮落拓、托身於妻族韋崟的鄭六得狐精任氏為外室，後韋崟聞任氏絕色，仗恃富貴前去調戲，未能得逞，終於為任氏的堅貞所感動。從此三人常不拘形跡地在一起玩樂。一年多後，鄭六攜任氏往外縣就職，途中任氏為獵犬所逐，化狐而死。

《枕中記》也是一篇寓言諷世的作品。作為「記」類作品，它側重描寫了一個熱衷於功名的士人在夢中歷經榮華的故事，藉以抒發了人生如夢的感慨。

在貞元末、元和初，元稹、白行簡、陳鴻、白居易、李紳等後來文名藉藉、聲望顯赫的青年文人們互相配合，為同一題材創作相輔而行的傳奇和敘事歌行，實際上一度形成了一個特殊的文學團體。在這群文人中，既作傳奇又作歌行的有元稹，傳奇作了《鶯鶯傳》，歌行作了《李娃行》、《崔徽歌》；僅作傳奇的有白行簡和陳鴻，白行簡作了《李娃傳》，陳鴻作了《長恨歌傳》；僅作歌行的是李紳和白居易，李紳作了《鶯鶯歌》，白居易作了《長恨歌》。他們的創作，除了一個作傳奇必有另一個根據同一題材作敘事歌行相輔而行的特點外，還具有其題材全都是愛情故事的特點。這些作品無一例外地成為膾炙人口的名作留傳至今。

與上述文學集團同時，還有一些長期堅持創作的傳奇作者。李公佐即為其中之佼佼者。他的作品完整保存下來的以《南柯太守傳》最為著名。這篇傳奇，旨趣與《枕中記》大略相同，述士人淳于棼夢入蟻國，被招為駙馬，出任南柯郡太守，後公主死，他漸為國王疑憚，終被放歸，醒後蹤跡蟻穴所在，一一與夢中所歷相符。此傳在當時就引起廣泛重視，「南柯一夢」屢為詞人引用，成為典故。

李朝威所作的《柳毅傳》也是一篇影響深遠的作品。它是一篇帶神怪色彩的愛情傳奇，然而，與以往愛情傳奇不同的是，居全文中心的不是女主人翁，而是男主人翁柳毅。故事敘說落第舉人柳毅為受夫婿凌辱的龍女傳書洞庭湖，使龍女在叔父錢塘龍君的救援下重返娘家，後經一番曲折終於與柳毅結為夫婦。作者通過柳毅仗義送信、毅然拒婚等情節突出地描寫了他的剛強堅毅，與以前愛情傳奇中那些荏弱懦怯的男主人翁形成鮮明的對比。龍女在作品中是一個較次要的人物，作者著墨不多，然而卻也成功地刻畫出了一個通過痛苦的經歷，轉而追求自由戀愛的女子的生動形象。

唐傳奇的不少故事，被後來的戲曲、小說選為題材，產生了較為廣泛的影響。

知識小百科16

傳奇的發展

在漫長的歷史時期中，中國小說創作都處於「殘叢小語」記述民間傳說、宗教神話、歷史人物生活片段的階段。直到唐代，小說創作才漸至成熟，產生了傳奇小說。

唐代傳奇小說的發展，大致分為四個時期。

從唐初到代宗朝是它的發展初期。初期的傳奇創作處於從形成到成熟的過程中，側重於故事情節的「記」(包括「誌」、「錄」等)類作品的數量大大超過側重於人物形象的「傳」類作品。在小說集中，還普遍存在誌怪與傳奇兼收並蓄的現象；在內容上以人世故事為題材的作品還極其罕見，並且偶有一二也都是紀實，極少虛構。

德宗至敬宗朝是傳奇創作的盛期。傳奇蓬勃興起的標誌，是它由源於誌怪的重在傳述奇事向重在抒情的轉變。這一轉變是在吸收了《五柳先生傳》那樣以虛構的帶有寓言色彩的傳記散文的特點後才完成的。這一時期傳奇創作的最大特點是愛情題材驟然勃興。在這些作品中，作者著重刻畫的絕大多數是戀愛雙方中的女性一方，在中國的小說中初次湧現出一批以不同形式熱烈追求自由戀愛的女子的生動形象。這一時期的另一個重要特點是「傳」的樣式在傳奇創作中得到了普遍的運用，而且迅速充分的發展起來。這一現象與愛情題材的勃興有著密切關係。

一般認為，唐傳奇發展到晚唐已經是強弩之末，處於衰落的時期，但是從實際情況來看並不盡然。從穆宗朝到懿宗朝，以「記」類傳奇集為主的傳奇創作仍然比較興旺，並且持續時間之長久、作品數量之多及題材之多樣都超過了盛期。這情形與唐詩在盛唐及中唐的情況相似，所以我們把它稱為唐傳奇發展中期。這一時期最大的特點是：融合了「傳」體特徵的「記」類傳奇集創作又取代單篇「傳」類傳奇再度復興。中期傳奇在內容上也有自己的特點：愛情題材衰落了，一些新的題材如俠義題材、冤獄題材和名人瑣記類題材等則代之而興。在這一時期的創作中，也日益明顯地暴露了傳奇本身的局限，以「奇」為旨趣，使其所反映的生活面和所採擷的題材受到很大的限制。

從僖宗朝開始，傳奇的創作形勢急轉直下，迅速衰落，進入了晚期。晚期傳奇的各個特點，是中期已顯示的傾向的進一步發展。主要表現為：對愛情的描寫進一步減少；鬼神故事沿著諷刺和說教這兩個方向繼續擴大陣地，並逐漸出現了傳奇小說樣式的範圍——或復與誌怪合流，或逐漸接近於當時羅隱《說天雞》、陸龜蒙《記權鼠》那樣的諷刺小品文傳奇樣式，傳奇創作走向沒落。

53《水滸傳》的主要內容是什麼？

《水滸傳》一般認為是元末明初施耐庵所作的長篇小說，取材於民間流傳甚廣的北宋末年宋江起義的故事。

全書可分前後兩部分，前半部分寫各路英雄紛紛上梁山大起義，打官軍，受招安；後半部分由五個部分組成，即征遼、平田虎、平王慶、平方臘及結局。前半部分寫人民反官府，但遼國入侵時，宋江等人接受招安，此後宋江成了忠臣。第八十五回遼國歐陽侍郎招降宋江，吳用向宋江獻策：要富貴，投降遼國；要忠義，報效宋朝。宋江說：「吾輩當盡忠報國，死而後已。」後半部分寫忠臣反奸臣。宋江受招安後，「水滸」英雄始終被奸臣排擠、打擊和陷害，最後宋江等人被奸臣全部害死，是令讀者震撼的悲劇結局。

《水滸傳》通過藝術形象表現了「官逼民反」的現象，它所表現的梁山泊英雄轟轟烈烈的大起義，在民間有更生動、更廣泛的流傳。

《水滸傳》繼承和發展了中國古代小說與講史話本的傳統特色，故事富有傳奇性，一波未平，一波又起，每一故事的高潮，緊扣讀者的心弦。如「拳打鎮關西」、「宋江殺惜」、「武松打虎」、「血濺鴛鴦樓」、「江州劫法場」、「三打祝家莊」等等，數百年來一直膾炙人口。書中對英雄人物的塑造，通過其言行表現的各具特性。如魯智深、武松、李逵三人，都性格剛強、好打不平、不畏強暴。魯智深雖性格急躁，行動魯莽，但在鬥爭中又很細心機智。拳打鎮關西，沒想到三拳把他打死了，他立刻想到這要吃官司坐牢，自己單身一人無人送飯，於是假裝氣憤，指著鄭屠尸道：「你詐死，灑家和你慢慢理會。」一頭罵，一頭大踏步去了，這樣便得以脫身。武松性情剛烈，好打那些不明道理的人，死也不怕，他為了替兄報仇，從調查情況入手，到殺嫂逼取口供，殺西門慶，自首縣衙，表現的很有心計。李逵則更不同，憨直、粗心、大膽，極忠於梁山事業，但一味蠻幹，不計後果，有幾分天真，好管閒事，又常惹出事端。作者對人物的把握十分細膩，更增加了作品的魅力。

施耐庵

《水滸傳》的語言以口語為基礎，經過加工提煉而創作，具有明快、精煉、準確、生動的特點和濃厚的生活氣息。「武松打虎」是歷來傳誦的好文章，人虎相搏，寫老虎的一撲、一掀、一剪三般拿人本事，極傳神地描繪出了老虎的形象。幾經搏鬥，老虎如何被武松拿住，如何掙扎，如何被打死，都十分逼真，突出了武松的形象。在人物語言個性化上也做得很好，使讀者能從說話中看出人來。《水滸傳》把流行於民間的故事、說史，進行了良好的創作和加工，風行了幾百年。

知識小百科17

章回小說的發展

章回小說是中國古典長篇小說的主要形式，它分回標目，段落整齊，首尾完具，是在宋代話本的基礎上發展起來的。其主要特徵和發展如下：

◎分章標回

宋元藝人的小說，故事一般都比較短，可一次講完，其話本都沒有分章立節。後來，由於講史的興起，歷史故事內容長了，須分多次講說。為了使聽眾便於記住，加深印象，每次講一個中心內容，有一個醒目的標題，這樣就逐步形成分章節、立回目的格局（一次稱一回，這就是章回小說「回」的本義）。但是，早期的回目都比較簡單粗率，如《三國志通俗演義》分二十四卷，二百四十則（節），每則都只有單句題目概括本則的內容。後來，回目由單句發展到雙句，又從藝術上不太講究的句子發展到字數劃一、對仗工整、平仄諧協、富有感染力的偶句。例如《紅樓夢》的回目中有「苦絳珠魂歸離恨天，病神瑛淚灑相思地」等膾炙人口的佳句，具有很高的美學價值。

◎設置懸念，結構銜接

說話人為了吸引聽眾，每次講說常常在故事的緊要關頭打住，所以章回小說的每回末尾也常以「欲知後事如何，且聽下回分解」收結，使讀者欲罷不能，有興趣繼續看下去。但有些章回小說前回與後回緊密連接，如《紅樓夢》；有些卻「可分可合，疏密相間，似斷實聯」，如《三國演義》、《水滸傳》；此外，也有每回只講一則故事，實際上是獨立成篇的，如《今古奇觀》。

第一批章回小說是元末明初的《三國演義》、《水滸傳》等，《紅樓夢》則是章回小說發展的最高峰。五四時期，近代作家開始以西方的小說形式取代章回小說形式。

54《西遊記》塑造了怎樣的人物形象？

《西遊記》是吳承恩所寫的著名長篇小說，寫於明代中葉，是在民間流傳的唐僧取經故事的基礎上，經過豐富的想像而創作的神話小說。

全書內容由三部分組成：第一至七回，寫孫悟空的出身和大鬧天宮的故事；第八至十二回，寫唐僧身世，魏徵斬龍、唐太宗入冥故事，交代取經緣由；第十三至一百回，寫孫悟空皈依佛門，和豬八戒、沙和尚一起保護唐僧到西天取經，一路上除妖斬魔，克服險惡環境，歷經九九八十一難，終於取到真經，自己也終成正果。

《西遊記》在塑造人物上較為集中，最全面、生動的主要形象就是孫悟空、豬八戒和唐僧。孫悟空和豬八戒兩位形象，作者把其人性和動物性巧妙地融合在一起，並在對比中突出了各自的性格特徵。外形上，孫悟空尖嘴縮腮，火眼金睛，輕便靈活；豬八戒長鼻大耳胖肚，體態笨重。本事上，孫悟空變什麼像什麼，能變大的，也能變小的；豬八戒能變七墩，變大象、變胖大漢，但變個女孩子，頭是變了，只是胖肚子變不掉。武器上，孫悟空的金箍棒可變通天巨柱，亦可變成繡花針，對敵時十分靈活，豬八戒的九齒釘耙則較為笨重。動物性上，孫悟空活潑好動，豬八戒則好吃懶做。人性上，孫悟空聰敏機智，不怕困難，見義勇為，積極樂觀，豬八戒則更偏於現實型人物，有勤勞樸實的一面，但也有安於現狀、貪色、貪小便宜的毛病。總之，兩個形象性格鮮明，外表和內在性格和諧統一。

《西遊記》

而唐僧恪守宗教信條和封建禮教，迂腐頑固，常常誤信讒言，顛倒是非，無理責罵和處罰為取經做出巨大貢獻的孫悟空。唐僧從一個被歌頌的對象，變成了被諷刺的人物，這是《西遊記》與傳統取經故事的不同。唐僧對孫悟空的責罰，則更突出了孫的可愛和英雄形象。

《西遊記》塑造了孫悟空這樣一個理想化的神話英雄人物，是中國小說史上的獨特創造。書中塑造的許多人物，神奇而又有強烈的現實感，這也是神話小說中罕見的。它創造了神奇絢麗的神話世界，天上地下，龍宮冥府，表現了令人神往的廣闊世界，具有浪漫主義手法。語言上生動流利，人物對話個性化，表現了幽默詼諧的藝術情趣。簡言之，血肉豐滿的人物、奇幻曲折的情節、完整宏偉的結構構成了《西遊記》巨大的藝術成就。

鐵扇公主

55 文學史上是怎樣評價《金瓶梅》的？

《金瓶梅》是明代著名長篇小說，作者署名蘭陵笑笑生。小說主人翁是西門慶，金、瓶、梅分別指西門慶的妾姬潘金蓮、李瓶兒、春梅。此書雖然在很長時間內被列為「淫書」，但實際上也有它的過人之處。

作品刻畫了西門慶這個兼有官僚、惡霸、富商三種身分的封建時代市儈勢力的代表人物，以他為中心，通過他的種種活動和家庭生活，反映了社會的黑暗和腐朽。西門慶原是個破落財主、生藥鋪老闆，但他善於鑽營，又巴結權貴，左右逢源，聚斂財富，步步高升。他的一妻五妾，大多是他奸淫拐騙而來的，這些妻妾婢女彼此勾心鬥角，為爭寵吃醋，使盡各種卑劣手段，互相陷害。這種錯綜複雜、矛盾尖銳的家庭關係，正是當時官宦、地主或富商人家的寫照。

《金瓶梅》是中國文學史上第一部由文人獨創的長篇小說，從此，文人創作就逐漸替代宋元以來根據民間說講故事而加工整理

《金瓶梅》插圖

的創作，成為小說創作的主流。《金瓶梅》之前的長篇小說，大多取材於歷史故事和神話傳說，而《金瓶梅》開闢了題材的新路子，以現實社會和家庭日常生活為內容，著重寫市井間世俗情態，魯迅先生認為它開了「人情小說」的先河。

56 馮夢龍的「三言」具有怎樣的史學價值？

馮夢龍是明代作家，為通俗文學的發展做出了巨大貢獻。「三言」為《古今小說》中《喻世名言》、《警世通言》、《醒世恆言》的總稱，是三部白話短篇小說集。每集收作品四十篇，把宋、元、明三代以來創作和流傳的比較優秀的白話短篇小說幾乎「搜括殆盡」了。

「三言」中那些最精采、最值得注意的篇章，往往是關於青年男女愛情、婚姻題材的作品。《賣油郎獨佔花魁》（見《醒世恒言》）講的是一對小市民的愛情婚姻故事，名妓莘瑤琴與油販秦重都是處於社會下層的人物，莘瑤琴捨棄了王孫公子，偏偏選中了販油的秦重，就是由於那些豪富之輩、酒色之徒只知買笑追歡，而缺少「憐香惜玉的真心」，只有卑賤的秦重才是個「志誠君子」。平等的、真摯的感情贏得了愛情和幸福，這就是作品的主旨。《蔣興哥重會珍珠衫》（見《古今小說》）是另一對小市民的婚姻離合故事，小商人蔣興哥與王三巧是一對恩愛夫妻，王三巧竟由於夫妻分別而被另一個商人所勾引，蔣興哥雖因此而休棄了她，但仍割不斷對她的一往情深，所以當她再嫁時，還把十六箱細軟送作陪嫁。而當蔣興哥吃了冤枉官司時，王三巧不忘舊情，還是設計相救。兩人終於破鏡重圓。在這離而復合的過程中，夫妻間的深厚感情顯然起到了決定性的作用。另一篇激盪人心的愛情悲劇《杜十娘怒沉百寶箱》（見《警世通言》）則是講名妓杜嫰選擇了「忠厚志誠」的李甲委以終身，她以全副的身心、智慧和財物去追求而獲得李甲，在李甲身上寄託了她的最高的、也是最起碼的希望和理想——真誠的愛情和幸福的生活。可是李甲受到孫富的挑撥和嚴父的威懾，終於薄情地出賣了杜嫰，毀滅了一個真誠的靈魂。

另有一些作品是頌揚純真友誼的。像《羊角哀捨命全交》（見《古今小說》）所敘述的左伯桃與羊角哀的故事，左伯桃在面對饑寒交迫的危境時，能夠解衣併糧，以使義弟羊角哀脫離險境，而自己甘願凍死桑樹中。羊角哀得拜楚國中大夫，歸葬左伯桃，並捨命戰敗了荊軻。故事雖有些離奇，然而友誼卻深厚可貴。

另有一些揭露和批判達官顯貴、惡霸豪強醜惡作為的作品，反映了社會黑暗的一面。

總之，「三言」是中國文學史上第一部規模宏大的白話短篇小說總集，具有很高的文學價值。

57 凌濛初的「二拍」的主要內容是什麼？

我們在文學上通常把「三言二拍」相提並論，並認為凌濛初的「二拍」是「三言」以後出現的白話短篇小說集中成就最高的。「二拍」是《初刻拍案驚奇》和《二刻拍案驚奇》的簡稱，實收白話短篇小說七十八篇，幾乎全是凌濛初的個人創作。

晚明的商品經濟日益發展，市民階層在生活和觀念上活躍起來。「二拍」首先表現了尊重商業和商人的觀念。

「初刻」卷一《轉運漢巧遇洞庭紅，波斯胡指破鼉龍殼》反映了晚明航海貿易的發展和市民階層對海外冒險獲寶致富的強烈嚮往。文若虛本是個「生來心思慧巧，做著便能，學著便會。琴棋書畫，吹彈歌舞，件件粗通」的書生，在一個偶然的機會中，竟以一兩銀子的本錢獲得了一大注財帛，又以一個鼉龍殼得到巨萬家產。這個幸運兒還是一個容易知足而待人寬厚的人。他說過：「我是倒運的，將本求財，從無一遭不連本送的，今承諸公挈帶，做此無本錢生意，偶然僥倖一番，真是天大造化了，如何還要生利錢？」這話何等識時知命、曠達知足！後來還將賣洞庭紅所獲，如數分給同行夥伴，並加倍酬謝了曾慷慨資助過他的張乘運。

「二拍」中有大量男女愛情和婚姻的故事，反映了要求自主、自由的市民階層的道德、婚姻觀念。特別有趣的是「二刻」卷十二《硬勘案大儒爭閒氣，甘受刑俠女著芳名》，作者將理學大師朱熹擺在與妓女嚴蕊對立、對比的地位，把朱熹的主觀偏執、挾私報復刻畫得入木三分，而妓女嚴蕊的剛正不阿、俠肝義膽卻躍然紙上。在面臨迫害、需要抉擇的關頭，嚴蕊話語鏗鏘：「身為賤伎，縱是與太守有姦，料然不到得死罪，招認了，有何大害？但天下事，真則是真，假則是假，豈可自惜微軀，信口妄言，以污士大夫！今日寧可置我死地，要我污人，斷然不成的！」因此「致得她名聞天下，四海稱揚」。

對腐朽黑暗的晚明社會體制，凌濛初也沒有熟視無睹，他寫的揭露社會黑暗的作品中，典型的是《青樓市探人蹤，紅花場假鬧鬼》，塑造了貪官惡霸楊僉憲的形象。

凌濛初創作量之大，在中國古代白話短篇小說史上堪稱空前絕後，並且使白話短篇小說實現了由民間創作到文人個人創作的巨大轉變。

58 中國文言短篇小說之王指的是哪一部作品？

《聊齋誌異》是清代蒲松齡所著的著名文言短篇小說集，被認為是中國文言短篇小說之王。其作品內容相當廣泛，藝術上想像豐富、情節曲折、境界瑰麗。

書中有很多反映官貪吏虐、豪強橫行的作品。如《促織》通過成名一家為捉一隻蟋蟀「以塞官責」而經歷的種種悲歡離合，反映了官僚的荒淫昏庸。《夢狼》以白翁的夢境和白翁次子的真實見聞相對照，尖銳地指出「天下之官虎而吏狼者，比比也」。

《聊齋誌異》第一次揭露了科舉制度的弊端。蒲松齡一生科場失落，對科舉弊端深有體會，寫起來力透紙背。如《司文郎》文筆幽默，嘲諷尖刻，寫一個瞎和尚能用鼻子嗅出文字的好壞，但發榜後，他認為可以考中的王生名落孫山，而他嗅著作嘔的文章的作者余杭生卻得以高中。於是和尚嘆息道：「僕雖盲於目，而不盲於鼻；簾中人並鼻盲矣！」諷刺了考官的不學無術。

《聊齋誌異》中還有大量描寫愛情婚姻的作品，有人與人之戀，也有人與狐鬼精靈之戀。這些故事很多寫得動人心魄，構成書中最精采的部分。作者以傳神筆法描述真誠相愛、自由結合的故事，塑造了許多為知己而愛的癡情人，表達了「情之至才，鬼神可通」的思想。如《香玉》中

蒲松齡

《聊齋誌異》插圖

的黃生愛上了白牡丹花妖香玉，不幸花為人移去，黃生日日臨穴哭弔，結果感動花神，使香玉復生宮中。

《聊齋誌異》的內容應屬於「誌怪」小說，但作者應用了唐代傳奇的現實主義手法，如魯迅所說的，「用傳奇法，而以誌怪」，從而使誌怪創作別開生面。在中國古典小說中，像《聊齋誌異》這樣既反映現實又充滿幻想、既十分逼真又十分荒誕的作品是屈指可數的。

59 《儒林外史》反映了怎樣的思想內容？

清朝吳敬梓的《儒林外史》是中國古代諷刺文學的典範作品，著重揭露和諷刺了科舉制度的弊端。

作者是通過對一系列書生及其活動的描述來體現主題的。如小說中的周進，考了幾十年，連個秀才也沒考上，可是仍不死心，有一次進了貢院，觸景傷情，頭撞號板，昏倒後被人救活過來，滿地打滾，放聲大哭，「直哭到口裡吐出血來」。幾個商人可憐他，湊錢給他捐了個監生，他就趴在地下對「重生父母」磕頭，表示：「我周進變驢變馬，也要報效！」還有范進，也是個屢考不中、年已五十四歲的「花白鬍鬚」的老童生，他僥倖中了舉人，看到報帖，拍手發笑，跌昏在地，醒後爬起身來邊笑邊跑出門，「一腳踹在塘裡，掙起來，頭髮都跌散了，兩手黃泥，淋

吳敬梓

淋漓漓一身的水」，原來他歡喜得發瘋了。周進、范進這種或哭或笑、神魂顛倒的模樣，說明他們深受科舉之害。科舉培養出來的是些什麼人呢？中了進士新任南昌知府的王惠，一到任就公開打聽：「地方人情可還有什麼出產？詞訟裡可也略有些什麼通融？」他心中念念不忘的是「三年清知府，十萬雪花銀」。

小說還寫到科舉觀念的普遍性，不但男人捨生忘死要走這條路，就連女子也深受其影響。魯編修的女兒與蘧公孫成婚後，這個飽讀經文、對詩詞正眼也不看的魯小姐，見到丈夫專好作詩、偏偏八股文「不甚在行」，就愁眉淚眼。她失望之餘把希望寄託在年僅四歲的兒子身上，摟著孩子每天苦心教讀，甚至通宵達旦。

總之，《儒林外史》成功地塑造了一群科舉制下的儒林人物，體現了作者的思想和藝術成就。

《儒林外史》

60《紅樓夢》在文學史上有著怎樣的影響？

曹雪芹「批閱十載，增刪五次」的《紅樓夢》，是中國小說發展史上公認的頂峰。

《紅樓夢》是一部以賈府特別是大觀園為中心背景，以賈寶玉、林黛玉以及薛寶釵等的婚姻愛情悲劇為主要內容，以賈寶玉、林黛玉、薛寶釵、王熙鳳等為主要人物形象的偉大現實主義小說，它概括地、典型地、真實地反映了中國十八世紀中期的社會生活尤其是封建貴族的生活，被譽為中國封建社會後期的社會生活的百科全書。

《紅樓夢》成功地塑造了一大批文學典型，這些典型的中心是賈寶玉。賈寶玉這個出身於鍾鳴鼎食之家、生活於錦衣玉食之中的貴族子弟，被日益衰敗、後繼乏人的賈府上下看成是預想的接班人，寄託著重振家業的厚望，賈母的慈愛、賈政的嚴教、王夫人的暗中關注、姊妹們的特別青睞乃至丫環奶媽的悉心照料，都或明或暗地企圖把他引上讀書仕進、科舉成名的傳統士大夫所走過的道路，可是曹雪芹筆下的賈寶玉，卻背離了士大夫的傳統道路，違拗了賈氏家族的殷切期望，在人生道路和婚姻愛情生活等方面，都有一種強烈的不受任何約束的嶄新的追求。他接受了賈母的厚愛、賈政的鞭笞和眾姐妹丫環的規勸，但他毫不改變初衷，而是視仕途為祿蠹，以應酬文字為沽名釣譽，把讀書當畏途，而喜歡那種脫離封建官場和文場的自由自在的閒散生活；他不願接受家庭對他婚姻的安排，而傾心地熱戀著志同道合的表妹林黛玉。但他的這些思想和行為，難容於賈府和整個社會，在當時強大的封建勢力面前，他終於別無選擇，只能是出家了事。賈寶玉是一個貴族家庭乃至封建制度的叛逆典型。

林黛玉

與賈寶玉互為呼應而處於同樣重要地位的當屬林黛玉。林黛玉父母早逝，孑然一身，寄人籬下，過著「一年三百六十日，風刀霜劍嚴相逼」的生活，這位冰清玉潔、多愁善感的貴

《紅樓夢》

族小姐，以她全副身心、獨特方式所進行的唯一的追求，就是要尋求一個愛情上的知音、生活上的伴侶，她也終於找到了這個知音，並奉獻了少女的熱烈而執著的愛情，這種愛情就是她的生命。可是，這少得可憐而又非常寶貴的追求，卻遭到了封建制度與觀念的嚴酷無情的毀壞，斷送了她的純潔的愛情，也斷送了她的無瑕的生命！製造了人世間最為迴腸盪氣的愛情悲劇！

薛寶釵則是一個頗為複雜的文學典型。母親的寡居、哥哥的荒唐，使她過早地懂得了世事人情，《女四書》、《列女傳》則把她薰陶成了一個遵奉婦教、謹守婦規的大家閨秀，她的「好風頻借力，送我上青雲」的理想，便是夫貴妻榮、封妻蔭子了。曹雪芹對於她的外貌和心靈，也不乏美好的描繪。她雍容典雅，亦能詩會賦，並且識大體，顧大局，得到了賈府上下的讚許，然而她和寶玉不同的人生志向，注定了她愛情婚姻的悲劇。

王熙鳳是另一個生動的形象。這個八面玲瓏、貪婪、狠辣的貴族少婦，憑著她的一些小手段，上面討得了賈母的歡心，下面壓服了眾人，從而取得了賈府的統治地位。她利用個人所掌握或家族所擁有的權力，不擇手段地聚斂財富，以至於為了到手的幾千兩銀子，竟拆散了一對情人，害死了兩條人命。而為了爭寵固位，還煞費苦心地設計害死了已有身孕的尤二姐。但「機關算盡太聰明，反誤了卿卿性命」，王熙鳳終於也沒能逃脫她的悲慘命運。

除了這幾個主要形象，曹雪芹塑造的鮮活個性的人物，可以布滿一個畫廊。

《紅樓夢》完全打破了傳統小說的單線結構，它以賈寶玉為中心人物，以賈與林、薛的愛情婚姻糾葛為貫穿線索，但是又把這中心人物和事件放進錯綜複雜的環境中，與生活環境中的各種線索齊頭並進，它展現的各種情節就像生活那樣，是多層次、全方位的，使讀者更易完全融入其中。

《紅樓夢》的藝術成就，以及作者展現的對烹調、醫藥、詩詞、繪畫、建築、戲曲的豐富知識和精到見解，都得到了舉世的公認。

61 《官場現形記》是怎樣的一部譴責小說？

李寶嘉的《官場現形記》是一部全面揭露晚明腐敗官場的譴責小說。

作品共五編六十回，描寫了大大小小的官吏。外官從「未入流」到州府長吏，直至督撫大員，內官從小京官到部司郎曹，直至軍機、大學士，這些官吏為了升官發財，極盡卑劣之能事。

如一個旗員出身的兵部大堂兼內務府大臣，被派為赴浙江查辦重大案件的欽差，是因為在京裡苦了多年，「上頭有意照應他，好叫他撈回兩個」。這個欽差到浙江後，「只拉弓，不放箭」，很快逼上來二萬兩銀子的賄賂。所以連慈禧也不得不承認「通天底下一十八省，哪裡來的清官」。作品還揭露了朝廷對帝國主義奴顏婢膝的醜態和喪權辱國的劣跡。如遊歷湖南的外國人無故打死中國民間孩子，當局竟把凶手接到洋務局待如上賓，後來迫於民憤勉強作了輕判，外國駐華公使竟逼著清廷總理衙門撤換湖南巡撫。

《官場現形記》突出的藝術特色，是以漫畫筆法來刻畫官僚的各種形象，達到揭露和諷刺的目的，往往能讓讀者在笑聲中發洩對官僚的不滿，產生了深刻的批判效果。

62《二十年目睹之怪現狀》的主要內容是什麼？

《二十年目睹之怪現狀》是吳沃堯的代表作，取材廣泛，除官場外，還包括商場、洋場，兼及醫卜星相、三教九流，發表時標為「社會小說」。

全書以主人翁「九死一生」的經歷為主線。從他為父奔喪開始，至其經商失敗終止，通過他二十年間的遭遇和見聞，廣泛地揭露了從一八八四年中法戰爭前後至一九〇五年左右清末社會的黑暗現實，並從側面描繪出帝國主義的瘋狂侵略。作品寫了二百來件「怪現狀」，勾勒出一個充斥著「蛇鼠」、「豺虎」、「魑魅」的世界。貫穿全書的反面人物苟才，是作者刻畫的清末無恥官僚的典型，他由於貪婪過甚兩次遭欽差查辦，但都以巨額賄賂東山再起，「不怕天大官司，只怕地大銀子」是那個渾濁社會的合法邏輯。而賢良方正的人物則都無立足之地，如愛民如子的蔡侶笙被革職嚴辦。作者憤慨地說：「這個官竟不是人做的！」作者把「經商」與「做官」對立起來，主人翁九死一生不願進官場，認為商場也有怪現狀，但比官場乾淨，表現了作者對腐朽政治的激憤。

小說結構上「舉定一人為主，如千軍萬馬，均歸一人操縱」，「遂成一團結之局」，「且開卷時幾個重要人物，於篇終時皆一一回顧到，首尾聯絡」，是同類小說中獨見匠心的典範。但譴責過多，諷刺效果略遜色。

63 《孽海花》是怎樣的一部文學作品？

曾樸的《孽海花》被認為是晚清四大譴責小說中最有價值的一部。作者環繞著金溝和傅彩雲這兩個人物來展開故事，他「想借用主人翁做全書線索，盡量容納近三十年來的歷史，專把些有趣的瑣聞軼事來烘托出大事的背景」，以「四百兆同胞，願爾早登覺岸」為宗旨。

全書以主人翁的經歷為經，串連一大批高級士子，通過他們的活動，描寫了從同治初年起到甲午戰敗為止的三十年間「文化的推移」和「政治的變動」。全書寫了二百多個人物，從慈禧和光緒，到達官名士，到下層的妓女小廝，涉及朝廷宮闈、官僚客廳、名園文場、煙花妓院，直至德國的交際場、俄國虛無革命黨等，反映的社會面相當廣泛。我們還可以從中讀到中法戰爭、中日戰爭之爆發，帝黨、后黨的激烈鬥爭，以及頑固派、洋務派、改良派、革命派的力量消長和與之相伴的思想、文化變化，相當深刻。

《孽海花》在結構上雖也聯綴多數短篇而成長篇，但不是直線式，而是「蟠曲迴旋著穿的，時收時放，東西交錯，不離中心」，魯迅先生稱它「結構工巧，文采斐然」。

64 《老殘遊記》的突出特點是什麼？

劉鶚的《老殘遊記》亦為晚清四大譴責小說之一，共二十回。作者在小說自敘中說：「棋局已殘，吾人將老，欲不哭泣也得乎？」小說是對「棋局已殘」的封建末世和人民苦難生活的哭泣。

小說突出之處是揭露了過去文學作品中很少揭露的「清官」暴政。「清官」玉賢，這個人自以為清廉，但埋在他內心深處的目的，更甚於贓官的貪圖錢財。玉賢出任曹州府知府「未到一年，站籠站死兩千多人」。群眾都畏懼和憤恨他的殘忍，道：「俺們這個玉大人真是了不得，賽過活閻王，碰著了就是個死！」玉賢在曹州的「功績」，還包括他一手製造了幾起冤案。如對于家一案，民間議論紛紛，有人酒後說了句玉大人「好冤枉人」，就被玉賢以「妖言惑眾」的罪名罰「站籠」而死。甚至連玉賢手下的人見于朝東一家四口「死得實在可慘」，都動了惻隱之心，下決心要弄清這樁案情，終於抓住了移贓嫁禍于家的強盜。強盜原不過是想讓于家吃幾個月官司，結果鬧得這麼厲害，「都後悔得了不得」。然而恰恰是這個心裡總覺得自己是清官的玉賢，唯恐這樁「不照律例辦事」而造成的冤案會使他受到上司的責詢查辦，使自己苦心經營的「只為過於要做官，且急於做大官」的私欲付之東流，竟然做出傷天害理的事情來，釋放了那強盜。後來因為他捕「盜」成績顯著，上司賞識，竟然被朝廷加官晉爵。

《老殘遊記》在語言運用方面獨具特色，尤其是在寫景方面能做到自然逼真，色彩鮮明。書中千佛山的景致、桃花山的月夜都明淨清新，甚至給人以身臨其境之感。小說反映的主題思想也值得我們深思。

65 唐代雜戲有哪些特點？

中國一些地方的民間戲曲班子，往往供著一尊「梨園祖師」像，據說這是唐玄宗李隆基。這可以看出唐代戲曲的繁榮和唐玄宗精於此道。唐代戲曲樣式較多，並較為成熟，主要有：

◎參軍戲

參軍戲是唐代一種重要的戲曲形式。關於它的起源有不同的說法，一般認為來自五胡十六國時的後趙。據說，當時石勒手下有一個參軍叫周延，他在做館陶令的時候，因為貪污了公家的幾百匹黃絹，先是下獄，後來被寬釋。但是為了懲戒後人，統治者在每次宴會上，都讓俳優藝人戴上周延的帽子，穿上「黃絹素衣」，讓另一個藝人問他：「你是什麼官？如何在我們中間？」他答道：「我本來是館陶令。」說完又抖動身上穿的黃絹素衣說：「我就是因為拿了這個，才到你們中間來的呀。」於是大家以此為樂，哈哈大笑一陣。

這件取材於真人真事的故事一直流傳下去，後來就成了一種戲曲的名目，把凡是演出詼諧調笑並有諷喻意義的戲曲都叫做「參軍戲」。戲中扮演參軍的角色逐漸變成固定角色的名字，即後來戲曲中的淨角；參軍戲中的另一個角色蒼鶻也逐漸固定化，成了後來戲曲中的丑角。

◎代面

又稱「大面」，就是戴著假面具的歌舞，演的就是北齊蘭陵王用凶惡的假面上陣打勝仗的故事。據說，扮演者均戴上假面，「衣紫、腰金、執鞭」，是一個赳赳武夫的形象。它大概可以看做是中國戲曲中臉譜的最早淵源。

◎撥頭

又稱「缽頭」。據說，這是一種出自西域的外國戲曲，它表演的是這樣一個故事：西域有一個人，他的父親被老虎咬死了，他立志要報仇，便上山追蹤虎跡，翻過八道山崗，才找到老虎，把它殺死了。扮演者「披髮、素衣、面作啼」，是一個遭喪的孝子形象。其所表演的尋父屍、翻山嶺、與虎鬥等情節，已經比較複雜了。

◎踏搖娘

又叫「蘇中郎」、「蘇郎中」。寫一個「美色善歌」的婦女被其酒醉的惡丈夫毆打後悲苦哀訴的故事。扮演踏搖娘的人且歌且舞且訴，而演她丈夫蘇中郎的人則「著緋、帶帽、面正赤」，是一副醉漢的打扮。

◎樊噲排君難戲

又名「樊噲排闥」劇。據說，這是唐末昭宗親自領導製作的節目，是借《史記》「鴻門宴」故事來表現當時孫德昭等人殺劉季述的事，似乎是「歷史劇」的先聲。

◎**滑稽戲**

此戲種在唐代特別發達，演員們特別善於借題發揮，在歡笑聲中達到諷喻的目的。也有的節目屬於純娛樂性質，開後來戲曲中插科打諢的先河。

此外，唐代還有「傀儡戲」、「大曲」、「說書」、「俗講」等雜戲形式。「傀儡戲」就是木偶戲，到唐代，已從宗教儀式走向民間，製作和演出水平也較漢代有了很大的提高。「大曲」是一種規模較大的歌舞，演出時分「散序」、「中序」、「入破」三段，以五言、七言絕句為歌詞，再伴以音樂、舞蹈，頗為動人。著名的「大曲」有「霓裳羽衣」、「六麼」、「涼州」等。「說書」，當時已有了說「三國」等節目。「俗講」，又叫「變文」，以說說唱唱的形式講唱佛經故事和民間故事，對戲曲中科白的形成和成熟有一定影響。

66 宋雜劇的主要特點是什麼？

「雜劇」名稱出現於晚唐，但到宋代才漸為人們所熟知。當時把各種戲曲、木偶、雜技都稱為雜劇，但宋雜劇主要是滑稽戲和歌舞戲。

宋代滑稽戲是由唐代「參軍戲」發展而成的。它們「全用故事，務在滑稽」(《夢粱錄》)，對當時腐敗的政治和惡劣的社會風氣予以諷刺和抨擊，具有優良的傳統。

滑稽戲的藝術形式主要特點有：第一、短小精悍，情節比較簡單，頃刻演畢，但如同匕首，諷刺力強；第二、角色有末泥、引戲、副淨、副末、裝孤，以副淨、副末為主，後又有裝旦；第三、演出人數，少則兩人，如《二聖環》、《眼藥酸》之類，多則不定，如《全不救護丈人》有六人，《第二場更不敢》的人數更多；第四、以賓白為主，詼諧滑稽，所謂「打猛諢人，卻打猛諢出」（《童蒙訓》），「初時布置，臨了須打諢」（《談苑》），間或加一二小曲；第五、從當時百戲中吸收一些武功，如扳落（斗觔之一種）、撲旗（跳躍旋風而舞旗）等；第六、有簡單的音樂伴奏，早期是鼓，後又增加鑼等。這是我國戲曲萌芽時期比較簡單、樸質的藝術形式。

宋代歌舞戲，是演出故事而配以曲調的歌舞。如《崔護六麼》、《鶯鶯六麼》，演出崔護故事或鶯鶯故事，配以大曲〔六麼〕。〔六麼〕即〔綠腰〕，大曲名。從現存有關《採蓮舞》、《劍舞》之類的資料來考察，這類歌舞有唱、有念、有舞、有樂隊伴奏。所唱的曲調，有的是大曲中的一篇，如《採蓮舞》中的〔採蓮令〕；有的是詞調，如《劍舞》中的〔霜天曉角〕。歌唱的人不固定，或為舞者本人，或為伴奏者。演時，先由手執竹竿的「竹竿子」（引舞人）誦念「致語」（讚頌詞），指揮舞隊進場，稱為「勾隊」；歌舞表演完畢，又由「竹竿子」誦念致語，指揮樂隊出場，稱為「放隊」。

67 關漢卿在文學史上有哪些成就？

關漢卿是中國文學史上偉大的戲劇家，他的作品題材廣泛，思想深刻，塑造的形象有血有肉，栩栩如生。

在現存的十多種雜劇中，《竇娥冤》是關漢卿的代表作，也是中國優秀的古典戲劇之一。在這部雜劇中，關漢卿成功地塑造了竇娥這個不屈不撓奮力抗爭的婦女形象。她三歲喪母，因為家貧，被父親賣給人家作童養媳。十七歲結婚，但婚後不久，丈夫就死了。在逆境中，惡棍張驢兒企圖霸佔她。她不從，張驢兒就下毒，不料卻毒死了自己的父親。張驢兒惡人先告狀，反誣竇娥，昏官桃杌見錢眼開，竟不聽竇娥的申訴，將她屈打成招，判了死罪。臨刑前，竇娥痛斥天地的昏暗和衙門、地痞的罪惡，並發下了三樁「無頭願」：一要刀過頭落，一腔熱血都灑在白練上，半點兒也不要沾在地上；二要六月飛雪，遮蓋她的屍體；三要從此楚州三年大旱。行刑之後，這三願都奇蹟般地一一實現了。竇娥用這三樁誓願，證明

《竇娥冤》插圖

了自己天大的冤屈和滿腔的悲憤，同時也對正義得不到伸張的現實社會提出了強烈的控訴。

除《竇娥冤》外，關漢卿的《魯齋郎》和《蝴蝶夢》也是以反惡霸為主題的劇本。《魯齋郎》中的魯齋郎，《蝴蝶夢》中的葛彪，一個是權豪勢要，一個是皇親國戚，他們倚仗權勢，到處橫行霸道，無惡不作。魯齋郎先後在徐州和鄭州霸佔了銀匠李四、小官張皂的妻子，使其「身亡家破，財散人離」。葛彪則在大街上將無辜的平民百姓王老漢打死，還說「隨你那裡告來」。劇中魯齋郎和葛彪這兩個權豪勢要的形象，在元蒙貴族統治下的現實社會中，很有典型意義，充分揭露了封建社會的黑暗和統治者的凶殘，以及下層人民被壓迫的事實。

在關漢卿所作的歷史劇中，以《單刀會》最為著名。劇本生動講述了蜀漢大將關羽接受吳魯肅邀請，單刀赴會，於殺機四伏中制服魯肅，勝利而歸的故事，成功塑造了關羽智勇雙全的英雄形象。

關漢卿在塑造人物形象、處理戲劇衝突、提煉激動人心的情節等方面，都取得了巨大成就，尤以《竇娥冤》為代表，這也使他的創作達到了中國古典戲劇史上的最高峰。

68 馬致遠最有影響的雜劇是什麼？

《漢宮秋》是元著名戲曲家馬致遠最有影響的一本雜劇，取材於漢代王昭君和親的故事，但不拘泥於歷史，結合民間傳說和作者的創作意向對情節作了較大的改動。

歷史上的昭君和親，是漢朝強盛形勢下民族間的政治聯姻。據《後漢書・南匈奴傳》記載：「昭君入宮數歲，不得見御，積悲怨，乃請掖庭令求行。」辭行時，「豐容靚飾，光明漢宮，顧景裴回，竦動左右」，以致漢元帝悔之不及。那麼，為什麼「數歲不得見御」呢？《西京雜記》留下一則傳說，說是畫師貪污舞弊，故意醜化她的圖像，蒙蔽了元帝，結果畫師毛延壽等因而被判處了死刑。史載昭君出塞後，從胡俗先後成為呼韓邪單于及其長子的閼氏（匈奴皇后），共生一子二女，在塞外生活了五十多年。

但在《漢宮秋》中，這一事件深深打上了漢民族屈辱的烙印。劇本以漢元帝和王昭君的愛情故事為主線。當時，匈奴有「百萬雄兵，刻日南侵」的實力和野心，倚勢要挾，予取予奪，漢廷只能臣妾事胡，唯命是從。國勢衰頹，伊誰之咎？答案在「漢宮」之中。一類是賣國求榮的奸臣，平時「諂佞奸貪」，進而甘心為虎作倀，引狼入室，劇本把毛延壽處理為士大夫，又寫他主動投敵，便是這番用意；一類是當朝官員，文恬武嬉，尸位素

《漢宮秋》插圖

餐，國難時「似箭穿著雁口，沒個人敢咳嗽」。這兩類人誤國實無本質區別，所謂「滿朝中都做了毛延壽」。在他們之上的便是風流天子漢元帝，信用奸佞，「多暱女色」，結果「江山難保」，把愛妃拱手送出作了交易。劇本寫他的荒怠，寫他的自我怨艾，實質是哀其不幸，痛其無能，借盛衰興亡以重後世鑒戒。

在故事結局上，劇作改寫昭君留下漢家衣服，於番漢交界處投江自盡，渲染了悲劇氣氛，讓觀眾無不動之於色；而寫毛延壽被解回漢朝受誅，也自然大快人心。在元代民族矛盾激烈的情況下，《漢宮秋》描寫的昭君所體現的愛國精神和民族氣節，引起了較大迴響。

《漢宮秋》有較高的藝術成就，結構緊湊，有濃烈的抒情色彩，曲辭蒼涼幽邈，能貼切地表達人物的心情。其中第三折〔梅花酒〕、〔收江南〕，第四折〔蔓青菜〕、〔白鶴子〕、〔滿庭芳〕等曲子，素為歷史曲家所稱賞。

69《趙氏孤兒》是一部怎樣的悲劇？

紀君祥所著《趙氏孤兒》，是元雜劇中第一流的悲劇，影響很大，十八、十九世紀就有英、法等多種譯本，登上歐洲戲劇舞臺，受到世界矚目。

劇本寫晉靈公時，權奸屠岸賈不惜採用陰謀、暗殺的手段除去政敵趙盾，殺戮趙家三百餘口，並假傳君命，賜死駙馬趙朔，幽禁懷孕的公主，發布「盜出趙氏孤兒者，全家處斬，九族不留」的榜文，為最後斬草除根——殺害趙氏的遺腹子布下了羅網。趙氏門客程嬰冒著滅族的風險，夾帶嬰兒出府，卻被奉命把守府門的將軍韓厥搜出，韓厥不願「損他人，利自己」，替殘害忠良的屠岸賈「立這樣沒眼的功勛」，遂放走嬰兒，拔劍自刎。屠岸賈知道後，為防止趙氏孤兒漏網，竟要「把晉國內但是半歲之下，一月之上新添的小廝，見一個剁三劍」。程嬰找到已罷職歸農的公孫杵臼，請他出面自首，決心以自己的孩子冒充趙氏孤兒，以自己和孩子的生命來拯救趙氏孤兒和晉國嬰兒，但公孫杵臼寧可自己捐生，而讓較為年輕的程嬰撫養趙氏孤兒至成人報仇。屠岸賈接到程嬰的假報告後，搜孤救孤的鬥爭達到高潮，公孫杵臼熬受了嚴刑拷打，程嬰強忍著喪子之痛，終於瞞過奸險的屠岸賈，救下趙氏孤兒和許多無辜的嬰兒。過了二十年，程嬰對趙氏孤兒講出了他的身世，趙氏孤兒乃立誓報仇，最後獲取得成功。

元刊本《趙氏孤兒》四折情節即到此為止，明人臧懋循編的《元曲選》還有第五折，寫趙氏孤兒得到上卿魏絳的支持和新君晉悼公的恩准，殺屠滅族，並恢復了家業。

這部優秀的悲劇，人物形象鮮明生動，戲劇衝突扣人心弦，氣氛激越悲壯，鞭撻陰險殘暴，歌頌崇高正義，具有強烈的感染力。

知識小百科18

元雜劇的體制結構

◎劇本結構

「四折一楔子」是元雜劇最常見的結構形式。每個劇本一般由四折戲組成，有時再加上一個楔子。所謂「折」，相當於現在的「幕」，是全劇矛盾衝突發展的自然段落，四折即是開端、發展、高潮、結尾四個階段。

有時，元雜劇在四折戲之外，為了交代情節或貫穿線索，往往在全劇之首或折與折之間加上一小段獨立的戲，稱為「楔子」。安排在第一折之前的，稱為開場楔子；置於各折之間的，稱為過場楔子。

一本四折的形式並不是一成不變的，有時也有例外。如紀君祥的《趙氏孤兒》就是五折。還有幾部大型的劇本，更遠遠突破了一本四折的模式，如傳誦廣泛的王實甫的愛情劇《西廂記》，分為五本，每本四折一楔子，共二十折五楔子（一作五本二十一折）。

◎音樂曲調

音樂曲調方面，元雜劇唱的是北曲，採用的是北曲聯套的形式。全本四折戲，每折用一個套曲，共用四個套曲。每一個套曲，一般都由連綴同一宮調的若干支曲牌組成。

宮調的形成大致是這樣的：古代以宮、商、角、變徵、徵、羽、變宮為七聲，以十二律（黃鐘、大呂……）為基礎，根據「十二律旋相為宮」的方法，共得出十四調。但實際上從未全用。金元時，通行的僅十二種：仙呂宮、南呂宮、中呂宮、黃鐘宮、正宮、大石調、小石調、般涉調、商調、商角調、雙調、越調，即所謂「五宮七調」。而北曲中使用的更少，只有五宮四調（四調是大石調、雙調、商調、越調），又名「北九宮」。

◎一人主唱

元雜劇「一人主唱」，就是說，每個劇本只為一種角色（行當）安設唱腔。主唱的角色，不是正末，便是正旦。正末主唱，稱為「末本」，如《漢宮秋》，漢元帝主唱；正旦主唱，稱為「旦本」，如《竇娥冤》，竇娥主唱。

一般說來，一劇之中往往一個主要人物貫穿始終，於是也便由一人主唱到底，這是通例。但有少數劇本，隨著劇情的發展，人物也有所變化。如《賺蒯通》，第一折正末為張良，二、三、四折正末為蒯通。這就出現了主唱人物的變換。元雜劇在一劇之中，安排二個、三個、四個（即一折換一個）主唱人物的都有。但不管怎樣換，主唱的角色（正末或正旦）不變。

70《西廂記》是一部怎樣的作品？

《西廂記》是王實甫的代表作，是元雜劇中最優秀的作品之一，在中國流行甚廣。

《西廂記》的故事直接來源於唐代元稹的傳奇小說《鶯鶯傳》，寫唐代貞元中期書生張生與崔鶯鶯從戀愛、結合到離異的悲劇故事，其中張生對鶯鶯始亂終棄，鶯鶯的悲劇命運得到了人們的深切同情。

金代董解元將這個故事改編成長篇巨製《西廂記諸宮調》，在主題和人物塑造上都與《鶯鶯傳》有了根本差異，它以張生和鶯鶯的雙雙私奔而獲得幸福為結局。《鶯鶯傳》中矛盾雙方是張生與鶯鶯，張生的背叛導致了鶯鶯的不幸。而董作品中基本矛盾雙方是爭取愛情自由的張、崔和以崔母為代表的阻礙勢力，張生由負心漢的形象變為用情專一、敢於反抗的人物，鶯鶯則體現出鮮明的自主性和反抗性。董還創造了紅娘和法聰兩個小人物。但董作品是敘事體的說唱文學，限於以第三者身分向聽眾介紹，因此減少了作品的表現力度。

《西廂記》

王實甫在此基礎上創作了戲劇《西廂記》，在主題深度、人物刻畫、藝術表現上有了進一步的發展和提高。

《西廂記》正面提出「願普天下有情人都成眷屬」的主題，符合人們的願望，具有鮮明的反封建禮教的意味。人物塑造上，非常鮮明，張生志誠忠厚、一往情深；鶯鶯情深意切，但又欲前又卻；紅娘有勇有謀；老夫人冷酷無情、專橫跋扈。

王實甫對人物心理的刻畫很成功，如寫鶯鶯鍾情張生、渴望相會，但作為相國家千金，卻又不能不在紅娘面前掩蓋內心所想，正如紅娘所說，「對人前巧語花言——沒人處便想張生——背地裡愁眉淚眼」。這些處理，使人物形象更加豐富細緻。

明代萬曆金陵喬山堂刻本《西廂記》插圖

《西廂記》曲詞體美，並有詩的意境。如第四本第三折長亭送別：「**碧雲天，黃花地，西風緊，北雁南飛。曉來誰染霜林醉，總是離人淚。**」濃郁的抒情氣氛，表現了主人翁的離愁別緒，歷來被道為「神來之筆」。

71《牡丹亭》的主要內容是什麼？

《牡丹亭》是明代傑出的劇作家湯顯祖最具影響力的一部作品，又名《還魂記》。

作品以明人話本《杜麗娘慕色還魂記》為藍本，描述了一個驚心動魄、曲折引人的愛情故事：貧寒書生柳夢梅夢見在一座花園的梅樹下立著一位佳人，說同他有姻緣之份，從此便經常思念她。南安太守杜寶之女名麗娘，才貌端妍，從師陳最良讀書。她由《詩經・關雎》章而傷春尋春，從花園回來後在昏昏睡夢中見一書生持半枝垂柳前來求愛，兩人在牡丹亭旁幽會。杜麗娘從此愁悶消瘦，一病不起。她在彌留之際要求母親把她葬在花園的梅樹下，囑咐丫環春香將其自畫像藏在太湖石底。其父升任淮陽安撫使，委託陳最良葬女並修建「梅花庵觀」。三年後，柳夢梅赴京應試，借宿梅花觀中，在太湖石下拾得杜麗娘畫像，正是他夢中的佳人。杜麗娘魂遊後園，與柳夢梅相會，並指點柳夢梅掘墓開棺。杜麗娘在情的感召下起死回生，兩人結為夫婦。臨安應試，柳夢梅高中狀元，杜寶雖拒不認婿，並以拷打而治柳盜墓之罪，卻無法改變麗娘自由擇夫的堅強願望。一對戀人終成眷屬。

《牡丹亭》具有鮮明的時代精神，主人翁斷然拒絕傳統生活方式，抗擊統治階級倡導的「存天理，滅人欲」的禮教，為爭取個性解放和愛情自由，不惜付出生命的代價，其意義遠勝於一般的才子佳人故事。

《牡丹亭》情節構思上離奇曲折，具有濃郁的浪漫色彩。對人物的內心刻畫層次鮮明，細緻熨帖，如麗娘遊園以前，「剪不斷，理還亂，悶無端」；遊園時，心情由「悶」而「尋」，因感受到大好春光而要追求愛；驚夢時，由「尋」而「歡」，終於找出情人；夢後，由「歡」而

「空」，因為所愛的人無處尋覓而空虛寂寞。主人翁與禮教環境的矛盾衝突，隨著人物思想感情的變化而趨於激烈。再者，《牡丹亭》語言清麗典雅，優美凝練，功力為同時代的作家所不及。湯顯祖和他的《牡丹亭》因此在戲劇史上享有崇高的聲譽。

知識小百科19

明雜劇的特點

宋、元、明三代，都有雜劇流行，但它們只是名稱相同，實則是三種不同的戲曲藝術。明代流行的明雜劇，既含有北雜劇的因素，又受到南傳奇的影響，因而具有自己的特點：

◎折數不限，如《狂鼓史》為一折，《雌木蘭》為二折，《西臺記》為四折，《女狀元》為五折等等。

◎曲調不限，如《狂鼓史》用北曲，《女狀元》用南曲，《齊東絕倒》四折均用南北合套，《雌木蘭》第一折用仙呂宮北曲，第二折卻連用四支〈清江引〉，接著用〈耍孩兒四煞〉帶〈尾聲〉，更是不同。

◎主唱不限，如《昭君出塞》一折有貼唱、旦唱、生唱、眾唱，《雌木蘭》第一折旦唱，第二折外唱、旦唱、眾唱。

顯然，這就打破了北雜劇包括四折一楔子、北曲聯套、一人主唱等傳統體制。尤其明雜劇，一折短劇頗多，而且用南曲，成為一時風尚，所以，明雜劇亦稱南雜劇，劇本以傳奇為主，借以與北雜劇區別開來。

72 《浣紗記》主要表達了什麼樣的思想內容？

《浣紗記》是明代戲曲家梁辰魚的作品。原名《吳越春秋》，共四十五齣，取材於《史記·越王勾踐世家》、《吳越春秋》、《越絕書》和《吳地記》。劇本以范蠡與西施悲歡離合的愛情故事作為貫穿戲劇情節的主線。圍繞著這條主線的開展，廣闊地顯現了吳越興亡複雜的歷史變化過程。雖然全劇局面略顯龐雜，但絕非「無骨無筋，全無收

西施浣紗

攝」。全劇寫吳王夫差率兵破越，俘虜越王勾踐，勾踐忍辱負重，等待復仇時機。繼而勾踐得赦返越，君臣發憤圖強，又獻西施於吳，離間吳國君臣，而吳國君臣驕傲自滿，淫佚享樂。進而勾踐率兵滅吳，夫差自殺。最後范蠡功成身退，攜西施泛湖而去。通過這個興亡變化過程，顯示了吳國君臣驕橫貪婪，享樂腐化，敗國亡身，而越國君臣團結一致，艱苦奮鬥，終至復興國家。

作者通過劇中吳越興亡的歷史教訓，藉以對明朝當時的政治腐敗和國勢安危提出「以古鑒今」的諷喻。明清傳奇作品中，「十部傳奇九相思」，《浣紗記》雖以范蠡與西施的愛情為線，卻不是單純的愛情劇，而是以「兒女之情，寫興亡之感」，別具一格，對後來《桃花扇》、《牡丹亭》的創作有一定影響。

73 《桃花扇》是一部怎樣的戲劇文學作品？

《桃花扇》是中國清初一部重要的戲劇作品。作者孔尚任是山東曲阜人，孔子六十四世孫。康熙中葉授國子監博士，遷戶部員外郎，後以故罷官。他與《長生殿》的作者洪昇齊名，時有「南洪北孔」之稱。

《桃花扇》為傳奇劇本，是一部寫南明王朝興亡的歷史劇。作品以明末復社名士侯方域與秦淮名妓李香君的愛情故事為線索，侯因敢於反對閹黨餘孽，深受香君敬重，兩人萌發愛情，侯題詩扇贈香君，以為信物。閹黨阮大鋮得知此事後陰謀拉攏收買侯方域，他通過畫家楊龍友示意方域，願代出資，使兩人結合。方域初有允意，幸虧香君深明大義，堅決辭卻了阮大鋮暗中為她置辦的妝奩，以自己鮮明的政治態度影響了侯方域，方域乃受其激勵而拒絕。後阮大鋮又借機誣陷侯方域內通左良玉，方域被迫隻身逃離南京，投奔督師揚州的史可法。不久阮大鋮追隨馬士英迎立福王，更加瘋狂地迫害復社人士，並逼迫香君嫁與漕撫田仰為妾。香君寧死不從，血染方域當年所贈詩扇。楊龍友採摘花汁，點染成桃花圖，這就是所謂的桃花扇。很快清軍南下，攻陷南京，方域與香君在避難棲霞山時，相遇於白雲庵，兩人取出桃花扇敘舊，並相約出家。圍繞著這條情節主線，劇中還穿插了愛國將領史可法壯烈殉國，下層藝人柳敬亭、蘇昆生反對權奸誤國等情節。由於此劇內容觸及了明末清初那一段敏感的歷史，特別是在當時，這一段歷史還在人們記憶之中，因而此劇一出便獲得了廣泛的共鳴。

《桃花扇》

孔尚任以戲曲的形式展現了明末複雜的社會、民族矛盾，評價了南明的歷史，總結歷史經

驗，超越了一般愛情劇，正如他自己所說，「借離合之情寫興亡之感」。

《桃花扇》語言既有戲劇的表演性又富有文采，達到了戲劇性與文學性的統一。作者寫出了許多強烈抒情和個性化的曲辭，又嚴肅詳備地寫好了賓白，這在古代傳奇中是罕有的。一般認為《桃花扇》是明清傳奇戲曲的壓卷之作。

74《長生殿》的藝術成就是怎樣的？

《長生殿》是清初劇作家洪昇寫作的一部戲劇名著。作者寫這部劇本，曾經三易其稿，前後共花了十多年時間。初名《沉香亭》，主要是敷演李白的故事；後來更名《舞霓裳》，「去李白，入李泌輔肅宗中興」事，劇本的主角改為唐明皇李隆基和他的妃子楊貴妃；最後才正式定名為《長生殿》，專寫唐明皇和楊貴妃的愛情故事。

《長生殿》全劇長達五十齣，規模宏大，內容比較複雜，但它的中心故事情節是描寫李、楊愛情。劇

《長生殿》

華清池外景，為唐華清宮遺址

本寫唐明皇一次遇見宮女楊玉環，因其美貌風流，即冊封為貴妃，兩人山盟海誓，國舅楊國忠也因貴妃的關係而位至丞相。後因明皇同時又戀著梅妃，還與虢國夫人有曖昧關系，因而明、楊兩人經常發生糾葛。但總因楊妃溫柔多情，才貌超人，使明皇最終回心轉意。正當他們陶醉在甜蜜的愛情生活中的時候，安祿山乘機發動了叛亂，並迅速攻取都城長安，明皇不得不帶著文武百官逃跑。行至半途，發生了馬嵬之變，隨駕將士要求明皇處死誤國殃民的楊氏兄妹。明皇此時雖仍深愛楊妃，但已無可奈何，無法保護，只得勉強答應。後來叛亂平定，明皇退居宮中，但仍對楊妃朝夕縈思。最後終於感動了天帝，讓他們在月宮重圓，實現了長生殿上「生生世世共為夫婦，永不相離」的密誓。

《長生殿》前半部基本上是現實主義描寫，後半部則融入了浪漫主義寫法，作者雖然譴責了唐明皇因寵愛楊貴妃而致國事敗壞，但對他們的愛情是同情的。結構布局上，前後齣之間善用巧妙的對比，如前齣寫唐明皇陶醉在輕歌曼舞之中，後齣就寫安祿山與楊國忠的矛盾傾軋；前齣寫唐明皇正為愛情糾葛而煩惱，後齣就寫安祿山進攻長安，這樣的安排引人入勝。在賓白和唱辭上，綺麗而不堆砌辭藻，精煉而具個性化，什麼角色唱什麼曲子，道白恰到好處。

《長生殿》在思想和藝術上達到了較高的統一，劇本一問世就引起了巨大迴響。

75 曹丕的《典論．論文》提出了哪些開創性的見解？

中國現存的正式的文論著述當以曹丕的《典論．論文》為最早。這篇文章雖不足千字，但提出了多方面的開創性見解：

◎文章是經國大業，不朽盛事

曹丕對文學做出了前所未有的評價，他寫道：「蓋文章，經國之大業，不朽之盛事。」他認為文章可使作者「聲名自傳於後」，達到精神的不朽，這大大提高了文學的地位。

◎文以氣為主

曹丕提出了著名的「文以氣為主」的主張，所謂「氣」是指作者的氣質、才性在文章中表現而形成的風格。曹丕欣賞一種剛健俊逸之氣，他自己的詩賦，魯迅評價為「華麗以外，加上壯大」。「壯大」即建安文學的特徵之一，這與曹丕的傾向一致。

◎文體同而末異

這一觀點是對文體的論述，說明各種文體既有共同的原則，又有不同的要求，具體說來，是「奏議宜雅，書論宜理，銘誄尚實，詩賦欲麗」。他把文體分為四科八類，剔除了一些非文學的體裁，大致劃定了後世通行的廣義文學範圍，使文學的概念明確起來。對四科的要求，雖僅用「雅」、「理」、「實」、「麗」來概括，但相當精到。

◎文非一體，鮮能備善

他指出文章的體裁眾多，一個作家難以通善各體，「通才」是極少的，所以他反對「各以所長，相輕所短」，批評「文人相輕」的陋習，認為批評應中肯，重視他人的創新獨造。

76 陸機的《文賦》是如何論述文學作品的創作過程的？

陸機的《文賦》在中國文學批評史上第一次較系統地論述了文學作品的創作過程。

◎創作前的準備

一是生活的準備，即「佇中區以玄覽」，對外界事物多觀察，開啟文思的泉源；二是學養的準備，即「頤情志於典墳」，認真學習典範的作品，提高思想修養，豐富表達技巧。

◎藝術構思

這是創作過程的核心部分。陸機認為這需要「耽思傍訊，精騖八極，心遊萬仞」，即充分發揮想像力。通過構思，使情和物在腦中清晰，互相交融，並且構思還要「傾群言之瀝液，漱六藝之芳潤」，調動各種有用的語言來表達。

陸　機

◎布局結構

構思之後，就要「選義按部，考辭就班」，考慮文章的布局結構，在義和辭兩方面作精心安排。他認為，布局方式多種多樣，應從內容出發尋找適當形式。

整個創作過程，他認為要達到這樣的目的：「意」能正確地反映「物」，「文」能完善地表達「意」。

陸機總括了創作的四條要領：一是定去留，講究裁剪；二是立警策，以片言要語突出主題；三是戒雷同；四是戒庸音。

陸機雖然總結出這些創作要領，但他認為創作中的精微奧妙之處只可得心應手，而難以言傳。他對靈感來去的情狀作了生動詳盡的描述，但無法解釋原因。

77 劉勰的《文心雕龍》是怎樣的一部作品？

劉勰的《文心雕龍》是中國文學理論批評史上第一部有嚴密體系的融史、論、評為一體的文學理論專著。全書分上、下兩編，每編二十五篇，上編主要論文體，下編主要論文術，以精美的駢文寫成。

開頭五篇：《原道》、《征聖》、《宗經》、《正緯》、《辨騷》，作者自稱為「文之樞紐」，是劉勰文論體系的核心，其基本思想是：文、道並重，文章應以儒家聖人經典為取法的榜樣，在此前提之下吸取《楚辭》的優長，既要考慮思想內容及其對政治教化的積極作用，又要注意外在形式的美感特徵，風格上做到奇正相參，華實並茂。

第六篇至第二十五篇是文體論，把各體文章分為有韻之文和無韻之筆兩大類：自《明詩》至《諧隱十篇》論述各種有韻之文（其中《雜文》、《諧隱》兩篇兼有無韻之筆），自《史傳》至《書記》論述各種無韻之筆。整個文體論重點論述了三十多種文體，還涉及其他許多種，總數達一百七十種以上。文體論各篇的寫作體例是：「原始以表末」，是敘述該體文章的源流；「釋名以章義」，是解釋該體文章名稱的含義；「選文以定篇」，是列舉該體文章的代表作家、作品予以述評（這一部分分量最大）；「敷理以舉統」，是陳述該體文章的寫作原則和基本特色。在這二十篇文體論中，劉勰以歷史發展的觀點為主線，以作家、作品評述為中心，把上古到六朝數千年之間的文學史料，組織成比較完整、承前啟後、有內在聯繫的各種文體的發展。

《文心雕龍》下編二十五篇，除最後一篇《序誌》談作者著書的緣起、旨趣以及概述全書的內容、體例等以外，其他二十四篇討論的都是理論方面的專門問題，不僅涉及的範圍非常廣，而且分析也很細緻深入，議論精鑿，思理深邃。自《神思》至《總術》十九篇加上《物色》共二十篇是創作論，討論了有關創作各方面的問題，從重大的創作原則到具體的寫作方法。如藝術構思、作品風格與作家個性、內容與形式、繼承與創新、文學與時代及社會政治環境、煉意修辭、結構謀篇等等。《時序》、《才略》兩篇是文學史和作家論，扼要評述了歷代文學和著名作家。《知音》、《程器》兩篇討論了文學批評方面的問題，初步建立了文學批評的方法論。

劉勰把上編列為「綱領」，下編為「毛目」，綱舉而目張，分析了各種文學體裁，才能總結出貼切合適的創作方法；目立而綱明，文章的創作方法也能對文章起促進作用。

78 司空圖的主要觀點是什麼？

晚唐司空圖的《詩品》，為便於和鍾嶸的《詩品》區分，習慣稱之為《二十四詩品》。它著眼於詩歌藝術上的探索，把詩分為「雄渾」、「綺麗」、「含蓄」、「曠達」等二十四品，每品用一首四言十二句的詩歌來表述，在詩歌理論研究史中別開生面，創造了一種特殊體例。主要觀點有：

◎詩歌創作個性化，藝術多樣化

作者以詩的形式，形象化的比喻，表現了詩歌的不同風格和意境。司空圖既欣賞「雄渾」與「豪放」，又讚美「綺麗」和「纖穠」，而對於「典雅」、「沖淡」、「飄逸」諸種風格，則更是推崇備至。生活是豐富多彩的，以形象反映生活的詩歌自然千變萬化，藝術風格當然應該是「不拘一格」。具有創作個性，藝術風格多樣，詩歌自然富於藝術魅力。

◎不著一字，盡顯風流

作者要求通過形象思維的「淺深聚散」，以達「可取一收」的意象，用「含蓄」等藝術手段，來創造餘味無餘的詩歌意境。在創作中，要盡量做到情景交融，形離而神真。

79 嚴羽的詩歌理論有什麼特點？

嚴羽的《滄浪詩話》是宋代一部著重討論詩歌創作的藝術特點和規律的著作。書中，作者鮮明地提出了自己的詩歌理論，主要有以下幾點：

◎師古、能識

與宋代大多數理論家一樣，為了反對當時詩歌的萎弱之弊，嚴羽提倡「師古」，主張學詩應從學習前人的精華入手。他同時提出學詩首先要能「識」，即要有眼力，學會鑒賞，認準學習對象，他以學習漢魏、盛唐詩為「正路」。

◎**妙悟、興趣**

嚴羽以禪喻詩，說「禪道在妙悟，詩道亦在妙悟」。認為鑒賞和創作詩歌中皆重在妙悟。要求學者要有「熟參」的功夫，反覆琢磨前人作品的妙處，同時發現中晚唐和兩宋詩歌的毛病。在創作中，妙悟即要注重形象和思維的關係，又要做到有意境、詩味，令人一唱三嘆，意味無窮。

◎**別材、別趣**

嚴羽針對當時詩壇一些以議論為詩的非文藝傾向，提出了名言：「夫詩有別材，非關書（學）也；詩有別趣，非關理也。」認為詩歌藝術以情感人，當以形象、意境為主，反對空洞直露的說教，主張理應寄寓於情興之中。

◎**入神**

他認為入神是詩歌要達到的最高境界。「詩而入神，至矣，盡矣。」何謂入神？即「不可湊泊，如空氣之音，象中之色，水中之月，鏡中之像」，「言有盡而意無窮」，達到「一唱三嘆」的效果。他尤其強調了抒情性詩歌應力求情景渾成的境界。

80 李贄的進步文學思想都有哪些？

明代李贄是封建社會的一個「異端」思想家，但因其超越時代的先進觀念而被冠上「敢倡亂道，惑世誣民」的罪名，最終被迫害致死。

他的進步文學思想主要是：

◎「童心說」反對假道說、假文學

他認為「天下至文」皆出自「童心」，即「絕假純真，最初一念之本心」，而反對以「聞見道理」即孔孟之道為心。他說：「以聞見道理為心，則所言者皆聞見道理之言，非童心自出之言。」就是「以假人言假言而事假事、文假文」，《六經》、《論語》、《孟子》是「道學之口實，假人之淵藪也」。在古代作家中，他最欣賞不受儒學羈勒的司馬遷、李白、蘇軾。

李　贄

李贄從提倡「童心」出發，號召作者打破孔孟之道的束縛，以反封建的叛逆思想——主要是市民思想，來真誠地創作。

◎「童心說」肯定文學的發展變化，提高通俗文學的地位

明代文壇上，復古思想瀰漫，特別是前後七子高唱「文必秦漢，詩必盛唐」，並且全盤否定東漢以後的散文、魏晉以後的古詩和盛唐以後的近體詩，扼殺了文學的生機。李贄則反對復古，重視一切文學新樣式。他認為評價文學的高低只能看其有無真情實感，而不是取決於前朝的模式，強調一律地模仿「盛唐之音」得到的只能是矯揉造作、虛假失真之作。以「童心」為標準，他高度評價了《西廂記》、《水滸傳》等作品，並進行評點，從而打破了封建正統文人輕視通俗文學的偏見，大大提高了小說戲曲的地位。

李贄的「童心說」強調真情，反對虛偽說教，崇尚小說戲曲，給當時的文壇帶來了求真重情的新風。

81 清初「神韻說」、「格調說」、「性靈說」、「肌理說」的主要特點是什麼？

清代前期的詩論中有「神韻說」、「格調說」、「性靈說」、「肌理說」等名目。現簡述如下：

◎**神韻說**

「神韻說」的倡導人物為王士禛，在

袁　枚

他之前已有學者有此提法。這一說主張含蓄的藝術風格，力求「言盡而意不盡」，「妙在象外」；詩境上做到清淡幽雅、自然流利而富詩情畫意，詠物狀景時，要求突出對象的品格風神，如蘇東坡的詠梅詩「竹外一枝斜更好」就達到了傳神的效果。王士禛以盛唐為尚，最為推崇王維、孟浩然一路清遠閒適的詩風。

◎格調說

清初的「格調說」以沈德潛為代表。皎然《詩式》中就稱讚謝靈運的詩「格高」、「調逸」。而明代李東陽正式提出「格調」觀念。所謂格，指詩歌體制上合乎規格；所謂調，指詩歌的聲調韻律。

「格調說」者認為「詩至唐，古調亡矣」，「宋人主理不主調，於是唐調亦亡」，因而注重從聲調上去揣摩古樸，追求調響、調逸，提倡氣勢恢宏、雄健渾厚的詩風。

沈潛德從格調出發，標舉唐音。他論詩格時強調詩體，認為詩詞有分限，應遵循各自的規格。重聲律音調，對詩句的平仄、用韻、轉韻、各體詩的聲調都作了仔細研究。

◎性靈說

袁枚是「性靈說」的倡導者。

性靈說的理論核心是從詩歌創作的主觀條件的角度出發，強調創作主體必須具有真情、個性、詩才三方面要素。在這三塊理論基石上又衍生出：創作構思需要靈感，藝術表現應具獨創性並自然天成；作品內容則以抒發真情實感、表現個性為主，感情所寄寓的藝術形象要靈活、新鮮、生動；詩歌作品宜以感發人心、使人享受美感為其主要功能等藝術主張。因此，則須反對束縛性靈的「詩教」的功利觀及規唐模宋的擬古作風，亦反對以學問代替性靈、堆砌典故的考據詩，但並不排除詩歌創作應輔以學問與人工。

◎肌理說

清代乾、嘉年間理學蔓延，漢學考據盛行，反映在文壇上有桐城派倡導「義理、考據、文章」的古文理論，而在詩壇上就是翁方綱標舉的「肌理說」。

他強調理是詩應該遵循和體現的內容，因為理是人、物、事境乃至聲音律度等萬事萬物的根本。其次，理應有其表現形式，即「文理」，運用謀篇布局、章法、句法以及遣詞造字、韻律等方面的技巧，並力求細膩，反對粗疏，如要求處理好蓄勢與頓挫、實寫與虛寫等問題。

82 王國維的《人間詞話》是一部怎樣的作品？

王國維的《人間詞話》是一部文論名著。它是在中國傳統的意境說的基礎上，又吸取了叔本華等西方美學思想，融會貫通，自成一體。其中心是標舉「境界」說，同時論及了文藝特徵和創作方法等許多問題。

《人間詞話》的第一句話就揭示了書中所論的核心：「詞以境界為最上。有境界則自成高格，自有名句。」那麼，什麼叫做「有境界」呢?王國維自己有這樣一則明確的解釋：「境非獨謂景物也。喜怒哀樂，亦人心中之一境界。故能寫真景物、真感情者，謂之有境界。否則謂之無境界。」由此，所謂「有境界」是指這樣三層意思：一、作品中「感情」與「景物」、「意」與「境」缺一不可；二、兩者要有機統一，做到情景交融，「意與境渾」；三、其要旨在於「真」：景物要真，感情要真，交融要真。

在「有境界」的基礎上，王國維又論述了寫境與適境、有我之境與無我之境、景語與情語、隔與不隔等內容，廣泛觸及到寫實與理想化的關係、創作中主觀與客觀的關係、景與情的關係、表現上的白描和「務文字之巧」的關係，提出了自己的精闢見解。

青年時代的王國維

其中比較突出的是「有我之境與無我之境」、「造境與寫境」的區別。

王國維舉例說明：「淚眼問花花不語，亂紅飛過秋千去」，「可堪孤館閉春寒，杜鵑聲裡斜陽暮」，是有我之境；「採菊東籬下，悠然見南山」，「寒波淡淡起，百鳥悠悠下」，是無我之境。兩者的區別是：「有我之境，以我觀物，故物皆著我之色彩。無我之境，以物觀物，故不知何者為我，何者為物。」

造境與寫境是實際理想與寫實二派之分，但他又認為二者很難分別，「因大詩人所造之境，必合乎自然；所寫之境，亦必鄰於理想故也」。這就提出了現實主義與浪漫主義相互滲透、相互結合的主張。

王國維的《人間詞話》展現了清晰的概念和高度的思辯性，標誌著中國文評從傳統走向現代。

83 金聖嘆的小說評論主要有哪些主張？

金聖嘆在中國小說理論批評史上佔有重要地位，他將小說評點推向高潮，對後世小說創作理論有著深遠的影響。

他的主張主要通過對《水滸傳》的評點體現，概括起來有：

◎主張小說要批判現實

金聖嘆批注《水滸傳》完成於明亡之前，那正是明王朝政治腐敗、贓官酷吏橫行、民不聊生的時代。金聖嘆目睹現實，心有不平，因而對《水滸傳》中反映的人民的苦難生活和揭示的「官逼民反」的真理，有一定程度的理解和同情。他在阮小五說的「如今那官司一處處動撣便害百姓，但一聲下鄉村來，倒先把好百姓家養的豬羊雞鴨盡都吃了，又要盤纏打發他」一段話的下面就批道：「千古同悼之言，《水滸傳》之所以作也。」把《水滸傳》的創作動機和人民受迫害的現實聯繫起來，讚揚了作者勇於揭露黑暗的精神。

◎強調塑造人物形象的重要性

金聖嘆對《水滸傳》的藝術成就作了精闢的分析和很高的評價，尤其是對小說中人物形象的塑造問題，做了細緻的闡述。他認為《水滸傳》之所以能使人百看不厭，就因為它塑造了各種類型的人物形象，成功地寫出了各人的不同性格：「別一部書，看過一遍即休。獨有《水滸傳》，只是看不厭，無非為他把一百零八個人性格都寫出來。」「人有其性情，人有其氣質，人有其形狀，人有其聲口。」「任憑提起一個，都似舊時熟識。」《水滸傳》中的人物，雖不是讀者所熟識的，但它反映了社會生活中各類人物的形象和本質特徵，而這些形象和特徵是通過個性化了的「一百零八個人」表現出來，所以能引起讀者廣泛的聯想，因而又「都似舊時熟識」。

◎提出了著名的「動心說」

在探討人物形象塑造問題的時候，金聖嘆提出了一個論點，叫做「動心」，我們可以把它稱之為金聖嘆的「動心說」。所謂「動心」，就是指作家之「心」要深入到作品的人物情景中去。用我們現在的話說，就是指作家在創作構思時的「想像」。對於作家來說，沒有想像就不可能進行創作。作家創作要借助於想像，把自己沉浸在作品裡的人物情境之中，甚至忘掉自己，把自己幻化成為作品中的人物。從演戲的角度說，叫做「化身於角色」；從創作的角度說，就是作家在描寫什麼樣的人物時，就得把自己想像成為作品中被描寫的人物。一個有才能的作家，正是憑藉豐富、發達的想像力，才能創造出使人感動、啟人深思的藝術形象，使他所描寫的情景、人物栩栩如生地浮現在讀者的眼前。

此外，金聖嘆在他的《讀第五才子書法》一文中，提出了小說的「文法」問題，如結構、剪裁、布局等，有「倒插法」、「夾敘法」、「草蛇灰餞法」、「大落墨法」、「棉針泥刺法」等等，這對小說創作和鑒賞也有借鑒、啟發作用。

哲學篇

哲學篇

1 中國傳統哲學有哪些特點？

先秦至清代中國哲學的特點，大體說來，有以下幾個方面：

①古代哲學家派別林立、學說紛紜，起源於春秋戰國社會大變動時期的百家爭鳴。以孔子、孟子為代表的儒家，老子、莊子為代表的道家，到後來的佛教、道教、程朱理學等，學說紛紜。

②傳統哲學在歷史長河中，一直存在著兩條路線——唯物主義和唯心主義，辯證法與形而上學，無神論與有神論——這是傳統哲學的一大特點。

③中國古代哲學在天人之際或天人關係上長期爭論不休，有「天人合一」、「天人相分」諸說。這種思維模式，把宇宙人生或自然界和人類社會一切萬事萬物的發展變化都看做是相互聯繫、和諧、平衡的有序運動，這比較接近於系統論的思維方法。

④「天人合一」的最高理想，還是調整人際關係，以求達到和諧、平衡的健全發展，這就提到傳統哲學一個最顯著也是最重要的特點：對倫理道德的無比重視。《中庸》裡說：「致中和，天地位焉，萬物育焉。」闡述的正是這樣一種普遍法則。正是對倫理學的研究，思辨哲學走向了它的巔峰。

⑤在認識論上，特別在知行關係問題上，古代哲學家一般主張知行統一，即知即行，即要求理論與實踐相結合。

2 爲什麼說史前時期的神話含有哲學與科學的萌芽？

在史前時期，我們的祖先在同自然的長期鬥爭中創造了許多神話。有開天闢地的盤古，創造人類與煉石補天的女媧，鑽木取火的燧人氏，始播五穀、發現草藥的神農等。

神話表現了原始人已具有相當精細的觀察力，在他們的許多奇異的幻想中，常常含有樸素唯物主義思想的萌芽。例如，「神農嘗百草之滋味，一日而遇七十毒」，正因為遍嘗百草，才能發現各種藥草的性能。

在神話中，我們可以看出，原始人已經開始提出一些具有世界觀意義的問題。例如，天地緣何而始，人類從何而來，天地之外有何物等等。這些問題的提出，反映了原始社會生產、交換範圍的逐漸擴大，使人們的視野大大地拓寬了。與此同時，原始人的想像力和概括力也有一定程度的提高。

史前時期的神話，可以說是一種幻想式的世界觀的萌芽。在原始人那裡，自然、人和神

神農氏嘗百草

可以是直接統一的。他們把自然擬人化，然後又把它當成崇拜的對象。這和後來的宗教唯心論相似，但它並不排斥科學，不是科學的對立物。

所以，史前神話反映了人類征服自然的現實，表明了原始人最初的想像力與概括力，包含有哲學與科學的萌芽。

3 先秦諸子眞有百家嗎？其主要學派有哪些？

先秦的諸子與百家，今人有明確區分，即「諸子指各派的代表人物」，「百家指各學派」。在《漢書．藝文志》中的「諸子略」部分中，明白地列出了儒家、道家、陰陽家、法家、名家、墨家、縱橫家、雜家、農家、小說家十家。其實，應是不止這些的。

然而論起主要學派來，應當是儒、道、法三家，它們不僅有明確的傳授系統、豐富的著述和理論體系，而且對中國後代思想影響甚大；其次為墨家、名家，它們雖然對後世影響較小，然而在當時的地位相當重要，並且有著自己的理論和著述；至於陰陽家，雖然在哲理體系上談不上完整和嚴密，但對於後世的影響卻不容忽視。

孔子問道

4 儒家講「愛人」，墨家主「兼愛」，兩者有何區別？

春秋戰國時期，儒墨兩家並稱為顯學。兩家的學術主旨，當時人歸納為「孔子貴仁，墨翟貴兼」。兩者粗看起來，似乎很相似，仔細分析，有較大區別。

儒家「愛人」說主張「愛有差等」；墨家「兼愛」說認為「愛無差等」。孔子主張愛有差等，即以自己為起點，推己及人，由近及遠，逐漸擴大。愛之先後、程度也隨遠近而有差別。如愛自己的父母與愛他人的父母，就有先後、親疏、厚薄之分。墨子的「兼愛」是不分遠近、親疏的，他說：「視人之國，若視其國；視人之家，若視其家；視人之身，若視其身。」

儒家「愛人」說與墨家「兼愛」說的理論著眼點也不同。前者側重於「修己」，啟發人們在道德上的自覺；後者注重「交相利」，強調在行動上、物質上的利人。儒家重義輕利，墨家統一義利，這也是「愛人」說與「兼愛」說的區別之一。

儒家墨家這兩種學說的出發點與所代表的階級利益也不相同。孔子提出「愛人」說，是為了調整統治階級內部的關係，調整統治階級與被統治階級的關係，從而維持宗法等級制度。墨子「兼愛」說則反映了平民、小生產者的平均主義理想。

5 儒家與道家所追求的理想人格有何不同？

用通俗的話來說，理想人格問題就是做一個什麼樣的人的問題。

儒家把「仁」作為自己學說的根本和關鍵所在，並以此把自己的學說同其他的學說區別開來，這實際上也是儒道兩家所追求的理想人格的根本不同之所在。

儒家的理想人格是充分倫理化的。「仁」是儒家所提出的一切美德的概括和總結，它不僅包括了克己復禮、愛人等內容，也包括了敬、忠、智、勇等廣泛的內容。

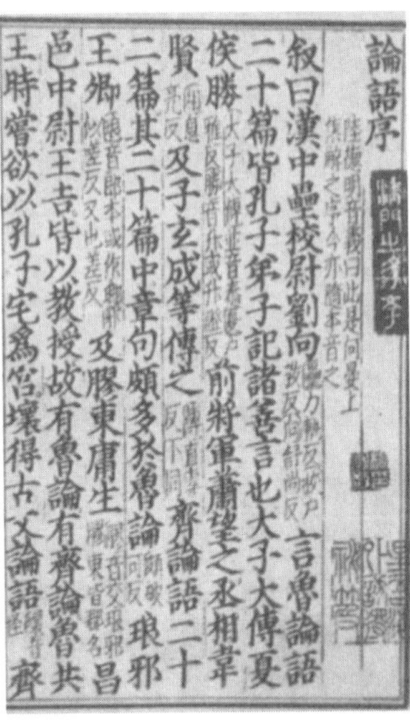
論語序

叙曰漢中壘校尉劉向言魯論語二十篇皆孔子弟子記諸善言也太子太傅夏侯勝前將軍蕭望之丞相韋賢及子玄成等傳之齊論語二十二篇其二十篇中章句頗多於魯論琅邪王卿及膠東庸生昌邑中尉王吉皆以教授故有魯論有齊論魯共王時嘗欲以孔子宅為宮壞得古文論語齊

宋代刻本《論語》

而道家的理想人格則是自然化的。道家認為仁、義、禮等都是後世人為的產物，是違反人性的。他們所謂的理想人格，是能夠超脫於一切道德規範的束縛，以至擺脫所有物質條件限制的「至人」、「真人」。

儒家強調的是道德規範的一面，有壓制個性的傾向；道家強調的是人的自然本性的一面，有否定道德規範的傾向。

儒道之間相互鬥爭又相互影響，儒家發展到孟子，就十分注意從人的本性的角度來闡述道德原則了。

6 道家學派的創始人是誰？爲什麼戰國中期後，道家合黃帝與老子之名，稱爲「黃老學派」？

在百家爭鳴的先秦時期，老子以其「五千言道德真經」獨樹一家之旗。「道法自然」觀是老子哲學思想的核心。從這一核心中又演化出「無為而治」的政治思想。繼老子之後，莊子又淋漓盡致地發揮了「道」的思想，「老莊學派」作為先秦六家重要學說之一為後世所公認。稱「老莊學派」為「道德家」，取自《道德經》（即《老子》）之名當無疑議。因此，老子應為道家學派的創始人。

老子

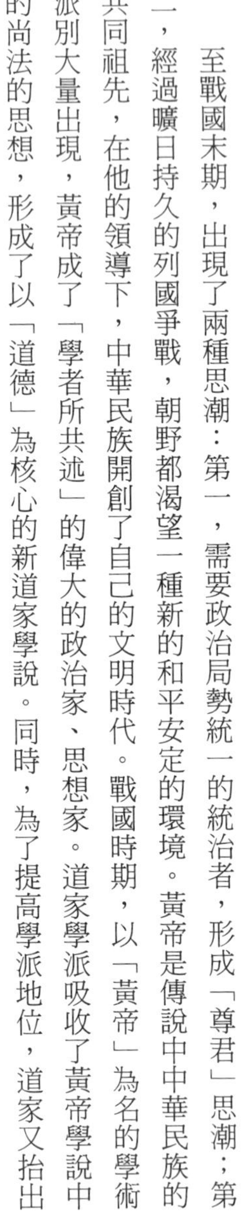

黃帝

至戰國末期，出現了兩種思潮：第一，需要政治局勢統一的統治者，形成「尊君」思潮；第二，經過曠日持久的列國爭戰，朝野都渴望一種新的和平安定的環境。黃帝是傳說中中華民族的共同祖先，在他的領導下，中華民族開創了自己的文明時代。戰國時期，以「黃帝」為名的學術派別大量出現，黃帝成了「學者所共述」的偉大的政治家、思想家。道家學派吸收了黃帝學說中的尚法的思想，形成了以「道德」為核心的新道家學說。同時，為了提高學派地位，道家又抬出黃帝作為本學派創始人。這樣道家學派變成以黃帝、老子為旗幟的新學派——黃老之學。

西漢初期，出於形勢需要，「黃老之學」成為統治階級的政治指南，西漢中期之後逐漸衰弱。

7 爲什麼法家的學說又稱爲「刑名法術之學」？「刑名」與「法術」有何關係？

韓非是先秦法家集大成者，《史記》說他「刑名法術之學，而其歸本於黃老」。「刑」在先秦與「形」通，泛指有形的事物，可理解為客觀事物。「名」是名稱、概念。「刑名之學」就是研究「刑」、「名」關係的學問。

「法術」之說源出黃老學派。法家主張君子統治國家應該「明法」、「仁術」。「術」是指方法，指出君主應像精通術數變化那樣使用各種方法統治國家。

時至韓非，他把「刑名」、「法術」完全與君主的統治結合在一起。刑名成為整治朝綱的功利準則，同時，他還認為，國家不僅要「以法為本」，國君還要學會用種種手段統治大臣，這就

韓非子

是要有術。

韓非集法家思想之大成，提出了以名責刑、以法為本、以術治下的「刑名法術之學」，為新興地主階級提供了統治理論，對後世影響頗大。

8 先秦「天人之辯」是關於什麼哲學問題的爭論？

思維和存在的關係問題，是全部哲學的根本問題。先秦「天人之辯」比較集中地反映了人們對思維和存在關係的看法，形成了先秦哲學的一大特色。

所謂「天人之辯」，是指關於天與人、天道與人道、自然與人之間關係的辯論。商周時期，人們把天看做是至高無上的神，到春秋戰國時期，「天人之辯」真正開始得到了廣泛而深入的展開。儒家創始人孔子曾對鬼神產生懷疑，但孔子並未因此引導到唯物主義。道家代表老子主張道法自然，這種尊重客觀規律的思想有一定的合理性，但叫人順從命運則是消極的。孟子則片面誇大理性的功能作用，以為通過思維能「知天」。

先秦哲學家們對天人關係問題的思考，都涉及思維與存在的關係問題，亦即涉及了世界的統一性在於物質還是精神的問題。總之，先秦「天人之辯」反映了中國古人對思維和存在關係問題的思考。

9 先秦「義利之辯」是如何展開的？

所謂「義」，是指一定的行為道德；所謂「利」是指個人利益。討論行為道德與個人利益之間的關係問題，就是「義利之辯」。

在先秦，孔子提出「君子喻於義，小人喻於利」。認為義利是矛盾的，解決義利的方法是重義輕利。

墨家則認為義和利是絕對統一的，不存在任何矛盾。他們不認為存在有利無義或有義無利的現象。

孟子認為，追求義是人們行為的唯一目的，而對利的任何關注，都有損於人們道德行為的純潔性和高尚性，所以利是一種有害的念頭，必須在思想上加以排除。

荀子主張「性惡論」。他認為個人的利欲和社會的道德要求是完全相反的，個人的利欲只能是惡，而應首先規範的是善，所以在義利關係問題上，他認為義利不相容，它們的關係只能是一個戰勝另一個的關係。

「義利之辯」是現實生活中義和利既矛盾又統一的關係在思想中的反映。各種不同的觀點，體現了先秦各個階級或階層的不同的利益和當時社會政治經濟發展的水平。不過，這些觀點也有相通的地方，即一般都認為，在義利關係中義是主要的，個人利益應該遵循和服從義。可以說，重義輕利是先秦義利之辯的主要傾向。

10 孔子是古代認識理論的開拓者嗎？

孔子，名丘，字仲尼。魯國人，春秋末期思想家、教育家、儒家學派創始人。為了推行自己的政治學說，曾率門徒周遊陳、衛、曹、宋、鄭、楚、齊等國，但終不得用。回魯後，聚徒講學。據傳，有弟子三千，著名者七十二人。先後整理、刪訂《詩》、《書》、《春秋》等書，為整理和傳播中國古代文化做出了重要貢獻。他的思想學說十分複雜，以「仁」為核心，倡導「仁者愛人」。孔子是可知論者，他斷言：仁、禮、人、言等都是可知的。儘管他肯定

孔子

「生而知之」，犯有唯心主義先驗論的錯誤，但他談得更多的是「學而知之」。孔子認為，只有通過「學」，才能耳聞目睹地取得直接經驗，並從書本上吸取別人的經驗。因此，認識必須從學開始。所以，他一生「學而不厭」，「學無常師」。同時，認識不能停留在「學上」，在「學」的基礎上還要「思」，做到學思結合。他說：「學而不思則罔，思而不學則殆。」他要求學生善於開動腦筋，獨立思考，做到「亦足以發」，舉一反三。

另外，孔子作為知識集大成者，在各個方面都有很大的貢獻。

11 什麼是「中庸」思想？

「中庸」是中國古代哲學思想上的一個重要內容。孔子說：「中庸之為德也，其至矣乎。」什麼是「中庸」？把「中」理解為中正、合適、標準，是先秦古籍中的通義。關於「中庸」的含義，孔子解釋為「過猶不及」，「執兩用中」，「中立不倚」，中庸就是既無過，也無不及。朱熹引用程顥「不偏之謂中，不易之謂庸。中者，天下之正道，庸者，天下之定理」之觀點，並作了一番解釋。

作為標準的「中」不是一成不變的，而是隨著時間和條件的變化而變化。不少哲學家在用「中」時，所採取的方法是「叩其兩端」，通過這個手段，達到用中道的目的。

「中庸」思想是主張維持質的穩定性，並不是我們所謂的折衷主義。當然，古代推崇的「中庸」思想，歸根到底是要把人們的行動與言行束縛在等級制度和道德模式中，要求既無過也無不及，它在政治上是保守的。

12 怎樣認識老子與《道德經》？

老子是春秋時期思想家、道家學派創始人，一說即老聃，姓李名耳，字伯陽，做過周朝管理圖書的吏官。孔子曾向他問禮。老子著《道德經》一書，此書分上下兩篇，約五千言。老子在《道德經》中反對「天帝造物」論，指出「道」是宇宙萬物的本源，又是萬物演變的根源，強調「人法地，地法天，天法道，道法自然」，即一切都要順應自然法則。但因忽視人對自然的能動作用，故帶有宿命論的成分，並由此提出了「絕聖棄智」、「無為而治」，回到「小國寡民」的原始社會的政治主張。但另一方面，老子認為「有無相生，難易相成，長短相形，高下相傾，聲音相和，前後相隨」，以及「正復為奇，善復為妖」，「禍兮福之所倚，福兮禍之所伏」，這都正確地道出了事物相互依存的關係和相互轉化的規

老子

律，包含有樸素的辯證法思想。老子學說對後世影響極大，對其評價，爭論很多，既有人把它解釋為唯心主義，又有人把它解釋成唯物主義。

13 孟子「性善論」的內容是什麼？

孟子名軻，字子輿，魯國人。孔子的三傳弟子。戰國時的思想家、哲學家。在孔子的「仁」學基礎上，提出了系統的「仁政」學說。

他提出「性善論」，肯定人性生來是善的，他把區別於禽獸的人所特有的屬性看做是人性有其合理之處。可是，對於這種道德屬性的來源，他的人性理論就蒙上了神秘的色彩。他認為人性中具有仁、義、禮、智四種善端，它們是人性中所固有的，儘管他說的「善端」並非是說人生來就是一個具有完善美德的君子，但他還是把潛在的道德意識看成是先驗的東西。

另外，他也很重視環境和教育對人的影響，主張社會分工，但卻由此得出「勞心者治人，勞力者治於人」的論點。他過分強調人的主觀精神作用，斷言「萬物皆備於我」，在儒家哲學中形成一個唯心主義的理論體系，後來對宋儒影響尤深。其著作《孟子》是儒家的重要學術著作。

14 荀子及其「性惡論」的哲學思想是什麼？

荀子名況，時人尊而號為「卿」。趙國人，戰國時思想家、哲學家。曾遊學於齊，被尊為當時學術界的領袖。韓非、李斯都是他的學生。他主張儒學，但又不拘泥於儒學，而是廣泛改造、吸收其他各家學說的積極因素，在這個意義上，他是先秦時期樸素唯物主義思想的集大成者。在哲學思想方面，他反對天命神鬼之說，認為「天是一種沒有意志的自然物質」，不能主宰人事，人可以利用其規律，「制天命而用之」，由此，又提出「凡以知，人之性也；可以知，物之理也」，即人有認識客觀事物的能力，客觀事物是可以被認識的唯物主義的認識論。

他提出「性惡論」，認為「人之性惡，其善者偽也」，他把道德意識、道德行為看做是後天人為的結果。固然，他所說是「性惡」之惡，包含著「粗惡」和「邪惡」兩方面的含義，但不管怎麼說，他認為不道德的行為的根源在於欲望和天性。

「人性本善」、「人性本惡」兩者都是唯心主義命題。

荀子

15 怎樣認識莊子的天道觀思想？

莊子名周，宋國人，戰國時思想家、哲學家，所持思想極為複雜。他博覽當時各家學說，獨與儒、墨針鋒相對，而以老子之言為指歸，和老子同是道家學派創始人，世稱「老莊」。他繼承和發展了老子「道法自然」的思想，強調事物的自生自滅，否認有神的主宰。指出認識的主觀能力、對象及是非標準，具有各自的針對性，以樸素的辯證法豐富了中國哲學史上的認識論。但他把老子的「道」，解釋為一種脫離一切事物的神秘的精神；同時，誇大事物的相對性，進而取消認識對象的質的穩定性，否定認識能力和是非的客觀標準的存在，得出知識不可靠、對象不可知的論點，要求人們「不譴是非以與世俗處」，「知其無可奈何而安之若命」，在無是非、無得失、無榮辱的虛無縹緲的境界中逍遙漫遊，安時處順地去過「同與禽獸居」的生活，從而導向了虛無主義和宿命論，對後世產生了消極影響。

16 「五行」是指什麼？

「五行」是中國古代思想家對客觀物質世界的起源及其多樣性的統一的一種概括。《尚書．洪範》篇中對五行作如此描述：「五行：一曰水，二曰火，三曰木，四曰金，五曰土。水曰潤下，火曰炎上，木曰曲直，金曰從革，土爰稼穡。潤下作威，炎上作苦，曲直作酸，從革作辛，稼穡作甘。」它提出了為人們所用的以水為首的五材排列次序，以及五材的性質和作用，但是它沒有觸及「五行」之間的內在聯繫。

後人把「五行」看做是構成「百物的元素」。土金木水火，不僅是五種有用之材，而且是構成百物的原始物質。

「五行」之間還有內在聯繫，這是「五行說」的又一個發展階段，從「五行相雜說」向「五行相勝說」演化，到「五行無常性」，到「五行有常性」，再到「五行相生說」，最後發展到現今通行的「五行生勝說」。

17 陰陽說什麼時候形成？有什麼意義？

陰陽兩字最初指的是自然界中有陽光照射或無陽光照射的現象。有陽光照射是「陽」，無陽光照射是「陰」。引申之，白天為陽，黑夜為陰；向日為陽，背日為陰；雲開見日為陽，烏雲遮日為陰。

陰陽被認為是萬物變化之最普遍和最基本的原因，但陰陽本身卻不言而喻，人們只是從事物的變化來體會陰陽的存在和感受陰陽的影響，人們注意的不是陰陽的客體，而是陰陽的作用和功能，這種思維方式使陰陽愈來愈脫離具體的物質而成為抽象的東西。

後來經過道家的改造，陰陽範疇更為抽象，含義更為豐富。它不僅是一種具體的物質，而且是一種普遍的屬性；不僅蘊涵於萬物之中，是萬物變化的原因，而且越然於萬物之外，是萬物的本原。

「一陰一陽謂之道」則把陰陽上升為宇宙間的根本規律和最高準則。凡是剛性的、動的、熱的、在上的、向外的、明亮的、亢進的、強壯的等都可為陽；凡是柔性的、寒的、在下的、向內的、晦暗的、減退的、虛弱的等都可為陰。一切相對的矛盾的事物關係，都可以視為陰陽關係。

18「八卦」是巫術嗎？

「八卦」無疑是中華民族最有特徵的、神秘奇妙的文化之一。算命先生利用它來卜知未來，天文學家用它來制定曆法、推算天象，哲學家從中悟出了天地的起源和萬物的生成。「八卦」究竟是什麼呢？

「八卦」也稱「經卦」，指的是《易經》中的八種基本圖形。它們分別為：乾（☰）、坤（☷）、巽（☴）、坎（☵）、離（☲）、艮（☶）、兌（☱）、震（☳）。兩爻是八卦的基本構件，每三爻配合，組成一卦。

人們一般認為，「八卦」同占筮有關，「八卦」最初是宗教巫術的產物，是古人探測神意、占卜未來的工具。殷周之際，有人把「八卦」中的每兩卦相互重疊，演變成六十四卦，從而使其組合更具規律性。

對「八卦」作哲學的解釋和闡發始於春秋。那時，人們開始認為，「八卦」主要象徵著天、地、雷、風、水、火、山、澤等八種自然物質。最早對「八卦」進行較系統的哲學解釋的是《易傳》。《易傳》中認為，「八卦」所展示的是一幅宇宙生成的圖畫。「八卦」中最重要的是乾坤兩卦，「大哉乾元，萬物資始，乃統天」。「至哉坤元，萬物貴生，乃順承天」。由乾坤而生出山（艮）、澤（兌）、雷（震）、風（巽）、水（坎）、火（離）。它們兩兩相對，相互作用，產生萬物，並決定著事物的變化與發展。

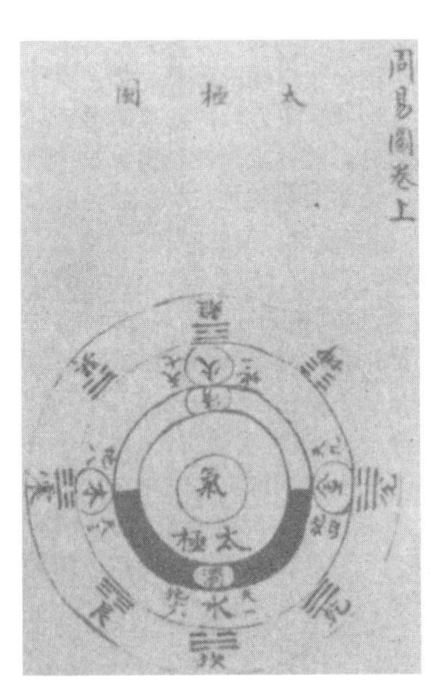

太極圖

19 什麼叫「奇正相生」？

「奇」與「正」是一對哲學範疇。「正」指的是正常；「奇」指的是異常。「奇」與「正」相輔相成，能互相轉化。

這多用於軍事上。在軍隊部署上，擔任正面進攻的部隊為正，兩側偷襲的為奇；擔任守備的部隊為正，機動部隊為奇；擔任箝制的部隊為正，突擊的部隊為奇。在作戰方式上，對陣交鋒為正，迂迴側擊為奇。在戰爭原則上，按照常規，運用一般原則的為正，按照特殊情況，靈活應變的為奇。

「奇正相生」的思想受到各派兵家的重視。其中孫武的後輩孫臏運用得得心應手。他主張以奇制勝，以神秘莫測的戰法戰勝常規戰法。孫臏指揮的桂陵、馬陵一戰，就是以奇制勝的傑出範例。

20 「莊周夢蝶」是怎樣的一種哲學思考？

莊子是個觀察精細、思維敏捷的哲學家，同時又是一個想像豐富、情思飄逸、具有浪漫氣質的詩人、文學家。「莊周夢蝶」把宇宙和人生哲學融為一體，是莊子從人的個體存在的角度對宇宙、人生等問題的形象化的哲理闡述。

莊周曾夢為蝴蝶，翩然飛舞，全不知自己是莊周。突然醒來，自己又分明是莊周。那麼究竟是莊周夢為蝴蝶，還是蝴蝶夢為莊周？真是夢和真不可分，夢可當真，真亦可當夢，或許人生也是一場夢，甚至是夢中還有夢。這實際上是一種相對主義，意在指明一切事物的存在變化，包括所謂有無、大小、是非、壽夭、貴賤、貧富等等都是有限的、局部的和不確定的、無意義的，要從一個混沌、完全、齊備的整體分出有無、是非、大小等，尋出種種區別，就會失去真實的本體存在。因為「凡物無成與毀，復通為一」（《齊物論》）。只有在精神上超越不真實的現象世界，只有從有限事物的束縛和局限中解脫出來，才能達到「天地與我並生，萬物與我

莊周夢蝶

為一」（《齊物論》）的境界。

「莊周夢蝶」看似說夢，卻寄寓著莊子深邃的哲學思想，這是莊子兼哲學家、文學家、詩人於一身的個性化體現。

21 「矛盾」從何而來？

「矛盾」是辯證法的一個基本範疇，它指的是事物內部或事物之間相對的諸方面相互依賴而又相互排斥的關係，即對立統一的關係。

《韓非子．難一》：「楚人有賣盾與賣矛者，譽其盾曰：『吾盾之堅，物莫能陷也。』又譽其矛曰：『吾矛之利，於物無不陷也。』或曰：『以子之矛，陷子之盾，何如？』其人弗能應也。」這是「矛盾」一詞最早的出處。韓非用「矛盾」來指兩個相互對立和相互否定的方面。他認為，物莫能陷的盾和於物無不陷的矛不能並存，同樣，兩個相互對立和相互否定的判斷也不能並存。一個人不能既說他的盾是無物能陷的，又說他的矛是無堅不摧的，這兩個判斷不能同時是真，其中必有一是假。所以，在正確的思維過程中，是不應該存在矛盾的，即不應該自相矛盾。但是，韓非的矛盾概念在揭示對立雙方相互排斥和否定的關係的同時，沒有涉及它們之間相互依賴、相互轉化和相互統一的關係，他的矛盾概念還不是一個哲學辯證法意義上的矛盾概念。

直到唐代，人們才把「矛盾」這一概念同事物的對立統一關係聯繫起來。

22 《易經》是怎樣的一本書？

《易經》是中國古代的一部占筮書。古代用蓍草行筮，需經十八次反覆演變才能形成一個卦象，所以《易經》最初又稱作《易象》。實際上，《易經》是一部披著神秘的占筮外衣的哲學奇著，是中國、也是世界文化寶庫中一顆神奇的明珠。《易經》的思想價值，體現在對自然規律的認識、社會理想、人生哲理等諸多方面，其中最豐富、最珍貴的是它的辯證思想。

《易經》把天地作為產生萬物的總根源，從複雜的自然現象和社會現象中抽象出「陰」、「陽」兩個基本範疇。「陽」代表積極、進取、剛強、陽性等特徵和具有這些特徵的事物；「陰」代表消極、退守、柔弱、陰性等特徵和具有這些特徵的事物。認為世界成事萬物都在這兩種對抗性的物質勢力運動推移下孳生著，發展著。《易經》通過「—」「--」兩種符號，組成「乾」、「坤」兩卦，由「乾」、「坤」兩卦產生其他六十二卦，以此象徵天地產生萬物；又通過陰「—」陽「--」兩爻的錯綜變化，類比天地萬物變化運動的法則，具有樸素的唯物思想和深刻的辯證思想。

同時，我們也要認識到，《易經》作為一部古老的筮書，它的直接作用是用於算卦，預測吉凶，因此全書充滿著神秘主義色彩。當它引申到社會人事時，導致出天尊地卑、君尊臣卑、男尊女卑的封建永恆秩序和倫理觀念，含有不少封建糟粕。因此，我們閱讀《易經》時要注意分析和區別。

23 「六經」包括哪些書？

「六經」原稱「六藝」，分「小藝」、「大藝」。小藝包括禮、樂、射、御、書、數，這是古代學校教育的主要內容。大藝包括《詩》、《書》、《禮》、《樂》、《易》、《春秋》六種典籍。約在戰國後期開始，這六種書籍被尊為「六經」。可見，「六經」就是所謂的「六藝」，確切地講，是「六藝」中的「大藝」。漢初，「六經」與「六藝」常常並稱，如司馬遷著《史記》時仍稱「六藝」：「孔子以《詩》、《書》、《禮》、《樂》、《易》、《春秋》教弟子，蓋三千焉，身通六藝者，七十有二人。」說明當時兩者還是並稱的。直到漢武帝罷黜百家、獨尊儒術後，出於鞏固自身統治的需要，封建統治者競相尊崇，「六經」之稱才代替了「六藝」。秦始皇焚書坑儒後，「六經」中的「樂經」失佚，「六經」剩下「五經」，但人們仍習慣地沿用「六經」的名稱。

24《孫子兵法》一書包含哪些哲學思想？

《孫子兵法》，亦稱《孫子》，是世界上現存最早的兵書。《孫子兵法》現有日、法、俄、英、德等多種外文譯本，它的影響已遠遠超出了軍事領域。該書的內容有著豐富的樸素唯物主義和軍事辯證法思想。

春秋時期，人們大都認為戰爭的勝負是無法預知的，要預知只得祈求鬼神，借助巫覡。孫武則提出「勝可知」。他把「知己知彼」看做是指導戰爭取得勝利的先決條件。「知彼知己者，百戰不殆。」他不僅論述了「勝可知」，而且還探討了「勝可為」與「不可為」的問題，也即是探討了如何發揮指揮者的主觀能動性，以奪取勝利的問題。

《孫子兵法》在論述戰略、戰術的指導原則中，包含了豐富的軍事辯證法思想。它不僅豐富了人類的樸素辯證法思想寶庫，而且至今還在啟迪著人們，在中國哲學史上佔有一定地位。

25 中國第一部系統的醫學著作是哪部書？

中國第一部系統的醫學著作是《黃帝內經》，簡稱《內經》，由現存的《素問》、《靈樞》兩部分組成。

《黃帝內經》運用的哲學思想突出地表現為吸收了陰陽五行學說，這一學說便成為中醫分析生理、病理及進行辯證施治的一種哲學基礎和思維方法。它以陰陽為天地萬物以及人的總根源，以陰陽形容人體的平衡。又採納五行相生相剋的學說，以為肝、心、脾、肺、腎依次分屬於木、火、土、金、水五行，並認為人的五臟也同五行生剋一樣是相互依存和相互制約的。

《黃帝內經》豐富了哲學思想，主要表現為形成了整體平衡觀念。它認為，人體結構的各個部分都不是孤立的，而是彼此相互聯繫的統一整體。認為人體某個部分的病變可以影響全身，而全身的狀況又可影響局部的病變。

《黃帝內經》還將人放在同外界環境的相互聯繫中進行考察，注意人和自然的平衡關係，強調按照自然界的變化來調節人的各種活動。

《黃帝內經》與中國傳統哲學的關係是非常密切的。它既運用了傳統哲學，同時又豐富了傳統哲學。總之，在《黃帝內經》中，我們可以找到許多很有價值的哲學思想。

26 道教產生於什麼時候？

道教正式產生在東漢時期，但它的孕育過程很長。它是由古代的巫術和戰國、秦漢時的神仙方術發展而來。至戰國時，巫術衰落，神仙方術興起。方士雖也從事巫祝術數，但主要是求仙和煉不死之藥。巫術和方術，都是不成系統的鬼神迷信，要成為宗教，還需有一定的組織形式和系統的理論與之配合。早在戰國後期，方士已開始吸收陰陽五行說，作為方術理論。入秦以後，方士與儒生合流，又與一部分黃老學者相結合，還利用墨家和佛教的某些思想資料，這都為道教的產生提供了多方面的可能性。

道教的形成和發展是一個與時代緊密相連的歷史過程。神仙家除了利用上述的陰陽五行說之外，日益側重利用道家哲理來說明神仙信仰並神化老子，視老子為教主。他們在西漢末有了「道士」的名號，到東漢時，其活動被稱為「事黃老道」。

27 佛教是中國固有的宗教嗎？

佛教是從印度傳入中國的，關於佛教最初傳入中國的確切年代，現在很難考證。歷史上一般以漢明帝感夢遣使求法傳說作為佛教傳入的標誌。據說，漢明帝永平七年，明帝夜夢金人，翌日問群臣，太史傅毅答道，你夢見的是位西方的得道者，名叫佛。於是，明帝派蔡愔等十八人去西域訪求佛道。三年後，蔡愔等人從西域請來迦葉摩騰、竺法蘭兩僧，並得佛教經卷，用白馬馱著回洛陽。明帝在城西特為之建白馬寺。兩僧在寺中翻譯了《四十二章經》。佛教始在漢地流行。

佛教作為一種外來文化，在中國生存和發展的過程，是逐漸與我國固有文化相適應、相協調、相融合的過程。

28 什麼是理學？

理學，亦稱道學，是宋明儒家的學術思想。宋明儒者不再遵循以往那種側重於章句的樊籬，而著重於闡述義理。他們認為，合乎自己願望的事物就是「理」，就是一種自然。在這一點上，「理」與老莊學派的「道」有點相近。

理，按現代漢語詞典講述，原指物質組織的條紋、紋理，後被引申為準則、法則和規律。理學認為理不僅是自然界的最高原則，同時也是人類社會的最高原則。

很多理學家將「理」規定為宇宙本原，於是便把對平常禮教的違背歸原為違反了理。從這層上，理學被封建社會供為官方哲學，強迫人們信奉。

理學包括以周敦頤、程顥、程頤、朱熹為代表的客觀唯心主義和以陸九淵、王守仁為代表的主觀唯心主義。前者認為「理」是永恆的先於世界而存在的精神實體，世界萬物只能由「理」派生，後者提出「心外無物，心外無理」，認為主觀意識是派生世界萬物的本原。理學也叫道學或宋學。

29 什麼是玄學？

玄學並不是指「玄之又玄」、神秘莫測的學問。它是魏晉時何晏、王弼等運用道家的老莊思想糅合儒家經義而形成的一種唯心主義哲學思潮。

那時候，世家大族崇尚虛無，摒棄世務，重識解，輕事功，追求辨析名理達到玄遠的精神境界。玄學家娓娓而語天道、性命等，把儒家思想跟道家思想結合，推崇「三玄」書籍中的思想。所謂「三玄」，即《老子》、《莊子》、《周易》，他們對三玄的有無、本末、一多、才性、言意、名教、內聖外王、王道霸術問題，都有較為深入的論述。《老子》的消極無為、鄙夷仁義禮法，《莊子》的知足逍遙、不譴是非，《周易》的神秘幽微等，都被賦予新的價值。玄學家中著名的有王弼、何晏、嵇康、郭象。如果把玄學當作一個主題的話，那麼其核心就是名教與自然之辯。

30 「風動、幡動、心動」這一故事是如何來的？

「菩提本非樹，明鏡亦非台，世間本無物，何處染塵埃？」這偈言是禪宗六祖慧能所說的。正是他對這一偈談學禪的體會，超越了另一競爭對手神秀所作的偈言：「身是菩提樹，心如明鏡台，時時勤拂拭，勿使惹塵埃。」獲得了菩提達摩所傳的衣缽，為弘忍禪師所賞識。

儀鳳元年，慧能至廣州法性寺。當時恰有一陣風吹動殿堂裡的幡，一僧說是「風動」，一僧說是「幡動」，爭執不下，慧能聽後說：「不是風動，不是幡動，仁者心動。」認為一切自然物的動靜，不是它們自身所具有的，而是人們的精神活動引起的，「心」決定「物」。

慧能

在後來的「南頓北漸」事件中，以神秀為代表的北宗敗北，以慧能為代表的南宗遂獨行於天下，這樣，慧能作為禪宗六祖的地位最終得到確立。

31 范縝是如何批判「神不滅」論的？

為批判佛教「神不滅」論，南朝齊范縝提出了「形質神用」哲學命題。「形質神用」即形體是精神依附的質體，而精神只是形體的作用，這是唯物主義觀點，肯定了物質第一性，精神第二性，「形稱其質，神與其用。形之與神，不得相異也」。范縝認為形體與精神不是可合可分的，反對形神分離、神離而形不滅的二元論。

其次，范縝認為不同的質有不同的作用。如人的質就與木的質不同，只有活人的質才有知覺的精神作用，死人是沒有知覺的。

再次，范縝還提到了精神活動需要一定的生理基礎，否定了形神分離二元論。

范縝著書《神滅論》，對形神關係做了樸素唯物主義的總結，是中國古代哲學史上的傑出成就之一。在形神關係問題上，他超過了以前的所有唯物主義哲學家的水平，范縝的《神滅論》否定了永恆的精神本體，擊中了唯心論與神學的要害，在中國哲學史上具有不朽的價值。

范縝

32 《夢溪筆談》提供了什麼樣的科學方法論？

《夢溪筆談》是北宋科學家沈括的一部筆記性著作。在這部著作中，他提供了如何進行科學研究的一套行之有效的方法。他的科學方法具有樸素唯物主義哲學的合理因素。

第一、他強調了必須通過實踐、實地考查，以獲得第一手資料和數據，力求詳細地佔有事實材料。

第二、對手中掌握的材料和數據進行整理、加工，使感性認識上升為理性認識，強調要以事物的本質特徵作為分類的根據。

第三、運用矛盾分析方法來把握變化法則。沈括很善於用矛盾分析的方法來解決數學問題，他所創立的「隙積術」和「會圓術」，直接表現出他在數學上的辯證思想。

第四、視具體情況靈活運用科學結論，不能把一個科學結論限為「定法」，不分青紅皂白地到處亂套。

33 王充怎樣發展了無神論？

王充，會稽上虞人，東漢時代思想家，出身「細族孤門」。自幼聰明，有遠大的志向和抱負。青年時期遊學洛陽，因家貧無書，常到書肆閱覽陳列書籍，過目能誦。他閉門潛思，在戶牖壁間分別安放筆墨簡牘，隨想隨寫，不拘章目，不附俗流，著《論衡》。用唯物主義的自然觀，尖銳批判了當時盛傳的讖緯神學和其他陳腐的傳統思想，提出了天地萬物都由元氣構成的「元氣自然說」。這是一部戰鬥的無神論的光輝巨著，它開創了我國哲學史上樸素唯物主義的新階段。

王充認為世界的本源是元氣，元氣也叫「陰陽之氣」，是構成萬物的最基本的因素。「陰氣生為骨肉，陽氣生為精神。」還提出火光之喻等闡述骨肉精神的關係。「火滅光消而燭在，人死精亡而形存。」

王充的形神理論，體現了他「疾虛妄」的戰鬥精神。

34 張衡是如何闡述他的宇宙論的？

張衡，字平子，南陽西鄂（今河南南召縣南）人，東漢科學家、思想家。家貧，但敏而好學，「幼已博藝，無堅不鑽」，平生不慕功名，十七歲離家遠遊長安、洛陽，考察風土人情，收集歷史文物，寫成了一部天才的天文學巨著《靈寬》，在這部著作中，闡述了他的「渾天說」的宇宙論：

> 渾天如雞子，天體圓如彈札，地如雞中黃，孤居於內，天大而地小。天表裡有水，天之包地。猶殼之裹黃。

張衡描述了天體演化的過程。他認為，天體宇宙是依靠自身力量不斷地發展變化，而這種變化富有規律，原先無所謂天，無所謂地，接著無生出有，混沌不分，分不清楚具體的顏色與氣來，後來發展萬物逐漸有形，元氣各自分開，形成天地。

張衡

張衡還解釋了月食。他指出，月亮本身並不發光，發生月食是月亮背著太陽。他還認識到宇宙的無限，不愧是一個天才的創見。

35 韓愈是怎樣堅持儒學的正統地位的？

韓愈，字退之，河南河陽人。因其自謂郡望昌黎，世有韓昌黎之稱，他是唐代著名文學家，也是宋明理學唯心主義的重要先驅之一。

唐代佛學盛行，寺院佔有大量土地，「南朝四百八十寺，多少樓臺煙雨中」反映了這一現實。韓愈反對佛學，他提出了「道統」說，確立儒家在歷史上的正統地位。

韓愈說的「道」就是孔孟強調的仁義道德。他認為，「博愛」就是「仁」，用於行動而適當就是「義」，照著這個方向去做就是「道」，內心具備了仁義而不需要向外尋求就是「德」，這對於維護封建倫理綱常發揮了重要作用。

「道統」之說開了宋明理學唯心主義的先河。在韓愈哲學中，「道」是最高範疇。他說：「天道亂，而日月星辰不得其行。地道亂，而草木山川不得其平。人道亂，而夷狄禽獸不得其情。」韓愈指出，「道」是最高的永恆存在，體現在「天道」、「地道」、「人道」當中，主宰世界的萬事萬物。同以往的儒家哲學相比，韓愈第一次把儒家的「道」抽象為以道德法則為中心的客體精神，從而在世界本源問題上能夠同佛、老相抗衡。

36 為何說理學開山祖師是周敦頤？

周敦頤，字茂叔，後人稱濂溪先生。他的理學思想，對以後七百年的學術發展產生了廣泛而深刻的影響，他的《太極圖．易說》、《通書》成為理學的經典，其中所提及的無極、太極、陰陽、五行、性命、動靜、無欲等一系列範疇，成為宋明理學的基本範疇，他本人則成為理學的開山祖師。

《太極圖說》是周敦頤哲學思想之綱，它基本勾畫了其哲學結構，提出了宇宙生成論，構成一幅世界的圖式：無極→太極→陰陽→五行——男女→萬物。「無極」是周敦頤哲學的最高範疇，是其體系的基石，也是其出發點和歸宿點。「無極」有無可窮極之意。其次，他論證了世界的多樣性與統一性問題，提出了「一實萬分」的命題。這是指統一的本原的實體「無極而太極」分化為千差萬別的特殊事物。再次，他提出了「主靜立人極」的封建倫理觀。周敦頤認為，人得二（陰陽）五（五行）之秀，為萬物中之最靈者，但他又認為，心、性受感萬物而有善惡之分，他主張通過「立誠」，即通過內心的道德修養工夫，制約人的情感，「窒欲」，「遷善改過」。

周敦頤的哲學思想對後世影響甚大，他對理學開創一代思潮和一代學風所起的作用是不可忽視的。

37 劉禹錫的唯物主義學說有什麼特點？

劉禹錫是唐代文學家、哲學家，字夢得，洛陽人。他是唐代對唯物主義學說做出重要貢獻的思想家。他提出了一個頗具特色的宇宙觀，說天國沒有意識，不是上帝，而是「有形之大者」，即最大的東西；天上的日月星「三光」以地上的「三川五岳」為基礎，天是清、輕，地是濁、重，故地為天的根基。他認為，整個宇宙存在的物質基礎是物質性的「氣」，清濁二氣的變化，陰陽二氣的作用，促成萬物生成；先有植物，後有動物，人則是動物中最有智慧的，能夠掌握自然界的規律而作用於自然界。

劉禹錫闡發了天人交相勝的學說，認為天和人各有各的職能，這一思想一方面反映了天人感應的目的論，另一方面又強調人的主觀能動性。

他還對宗教迷信產生的社會根源和認識根源做了比較深刻的論述，他以操舟為例，具體說明當人們認識客觀規律，能夠支配自然界時，就不會信「天」，反之就被盲目的自然所支配。

38 柳宗元的哲學觀點是什麼？

柳宗元，字子厚，世稱柳河東，唐代文學家、哲學家。柳宗元的主要哲學著作有：《天說》、《天對》、《答劉禹錫天論書》、《非國語》、《封建論》、《真符》等。

柳宗元為了「救世之謬」，發憤鑽研經史諸學，「讀百家書，上下馳騁」，以「立仁義，裨教化」。他繼承以往的「氣說」，認為天地未形成前，唯有元氣存在，天地既分之後，元氣則居於天地中間。「彼上而玄者，世謂之天；下而黃者，世謂之地；渾然而中處者，世謂之元氣；寒而暑者，世謂之陰陽。」他在荀況「天人之分」的思想基礎上，強調天人「各行不相預」，認為人的吉凶禍福、社會的興衰治亂，都非「天」能主宰。他還認為，歷史的發展既非天意決定，也非聖人的意志所能左右，決定性的因素是「生人之意」，即人民的意願和物質需求，國家的興衰、朝代的更替不取決於天，而取決於人，取決於政治是否清明。柳宗元不反對佛教，主張「統合儒釋」。

39 「天不變道亦不變」命題提出的後果是什麼？

「天不變道亦不變」是西漢董仲舒提出的一個哲學命題。出於董仲舒《舉賢良對策》三：

「道之大原出於天，天不變，道亦不變。」「道」是封建社會據以存在的根本原理，其核心是三綱五常。「天」主要是指自然界的最高主宰或天意。董仲舒認為，封建社會的最高原則是由天決定的，天是永恆不變的，因而按天意建立的封建社會之「道」也是永恆不變的。一個新朝代的君王，受天命統治人民，必須改制，徙居處，更稱號，改正朔，易服色，就起居飲食等制度的一些具體形式作一些改變，但治理封建社會所必須遵循的根本大道，是不能改變的。在董仲舒看來，「五道之三綱」取諸陰陽（天）之道。陽為主，陰為從，「君為陽，臣為陰，父為陽，子為陰，夫為陽，妻為陰」。臣、子、妻受君、父、夫的統治三道也是不能變的。董仲舒以「天不變道亦不變」來論證封建制度和君主統治的合理性和穩定性，後來成了束縛人們的精神枷鎖。

40 王充的哲學思想有哪些？

王充，字仲伍，會稽上虞人。他的主要著作是《論衡》。在王充所處的時代，自然科學和神學相互交織、對立。他的哲學是對流行於漢代的「天人感應」論和讖緯之學的批判和否定，同時也是對揚雄、桓譚等人唯物主義無神論的繼承和發展。

王充以「元氣」為始基，建立了較為完整的唯物主義哲學體系。王充發揮了黃老自然無為的思想，強調元氣自然，否定「天人感應」。對於精神和物質的關係，他明確指出，物質（形體）

先於精神，精神是由物質派生的，人的精神不能離開形體單獨存在。他斷然否定靈魂不滅，否定人死為鬼，認為人和萬物都是由元氣構成的。

王充指出，所謂靈異現象是由自然界本身的變化所引起的，與社會政治的好壞無關。

在認識論上，王充提出「實知」、「效驗」的唯物主義觀點。他認為實效、事實是檢驗認識是否正確的標準，反駁了「生而知之」的先驗論。

41 王夫之的唯物論思想表現在哪些方面？

王夫之，字而農，學者稱之為船山先生，明末清初啟蒙學者、唯物主義哲學家。他的主要哲學著作有：《周易外傳》、《周易內傳》、《詩廣傳》、《老子傳》等。他的唯物論思想是「太虛一實」。

在本體論方面，他認為，整個宇宙除了「氣」更無他物，而且，「氣」只有聚散、往來而沒有增減、生滅，所謂有無、虛實等，都只是「氣」的聚散、往來、屈伸的運動狀態。他還認為，客觀世界萬事萬物的本質和現象都是客觀實在的，可以通過各種物質現象而概括出它們的共同本質。

在理氣關係問題上，王夫之堅持「理依於氣」的氣本論，他強調「氣」是陰陽變化的實體，理乃是變化過程所呈現出的規律性。他強調指出：「蓋言心言性，文天言理，俱必在氣上說，若無氣處，則俱無也。」明確地堅持了唯物主義的氣本論。

42 程頤的哲學思想是什麼？

程頤，字立叔，學者稱伊川先生，北宋哲學家，理學創立者之一。其主要哲學著作有《周易程氏傳》、《遺書》、《文集》等。

在哲學上，程頤與程顥以「理」為最高範疇，以「理」為世界本原。程頤認為，「理」是創造萬事萬物的根源，它在事物之中，又在事物之上。他又從體用關係論證了理和事物的關係，認為理是「體」，而事物是「用」。

他承認事事物物都有其規律，天之所以高，地之所以深，萬事萬物之所以然，都有其理，天地間只有一個理，這理是永恆長久的。

他承認每一事物發展到一定限度，即向反面轉化。他說：「物極必反，其理須如此。」他還提出物皆有對的思想，說「天地之間皆有對，有陰則有陽，有善則有惡」。這反映了他的辯證法觀點。

程頤的哲學提出了一些新的概念、命題，對宋明哲學產生了重大影響。雖然二程均以「理」

作為哲學的最高範疇，但程顥是以心解「理」，開了以後陸王心學一派。程頤一般是把「理」與「氣」相對來論述的，開了以後朱學一派。

43 「形而上」、「形而下」指的是什麼？

「形而上」、「形而下」是中國古代哲學術語。《周易．系辭上》：「形而上者謂之道，形而下者謂之器。」「道」是「方法」、「道路」，也就是問「器」是「如何」、「循什麼道路」、「按什麼方法」成「器」的。認為法則是無形的，稱為形而上，器用之物是有形的，稱為形而下。清代學者戴震說：「形謂已成形質，形而上猶曰形以前，形而下猶曰形以後。」（《孟子家義疏證．天道》）以未成形為形而上，已成形為形而下。《易傳》提出這一概念後，在中國哲學史上逐漸被哲學家引申為表述抽象和具體、本質和現象、本源和派生物的範疇。

關於形而上和形而下的關係，漢唐以來的哲學家對此展開了長期的爭論。王弼等玄學家和宋明時期的理學家都認為形而上的東西先於並決定形而下的東西。朱熹說：「理，形而上者；氣，形而下者。自形而上下言，豈無先後。」相反，唯物主義者認為，形而上的東西不能脫離形而下的東西存在。王夫之認為，「有形而後有形而上」，反對玄學和理學對「形而上」、「形而下」的唯心主義解釋。

44「一陰一陽謂之道」命題是如何發展的？

「一陰一陽謂之道」是易學表述矛盾法則的命題，語見《周易．繫辭上》。認為事物都有陰陽兩個方面，兩種力量，相反相成，相互推移，不可偏廢，從而構成事物的本性及其運動的法則。

自漢代以來，易學家和哲學家對這一命題有不同的解釋。西漢京房以「二氣相感而成體」、「不可執一為定象」解釋「一陰一陽之謂道」。宋代程頤以「所以陰陽者」解釋「道」，以陰陽為「氣」。朱熹則說：「陰陽疊運者，氣也。其理則所謂道。」唯物主義者張載以氣化過程解釋道，認為氣兼有陰陽兩方面，稱為「兼體而無累」，氣在變化過程中總有清濁、動靜、屈伸兩個方面而不偏廢，天地萬物都如此。王夫之繼承張載的學說，認為道是陰陽二氣的統一體及其相互作用的規律，以對立統一觀點解釋一陰一陽；認為任何對立的事物（包括卦象）既相反又相通，既相分又相合，將古代的辯證法思想推向新的水平。但張載和王夫之都認為事物是變化發展的，陰陽對立終將「和而解」，未能認識到對立面鬥爭的絕對性。

45 揚雄是怎樣建立「太玄」體系的？

揚雄，字子雲，蜀郡成都人，西漢末年哲學家。揚雄沉默好思，擅長詩賦。

揚雄把「玄」作為他的哲學體系的最高範疇，認為「玄」是天地的本原，而萬物是天地相互作用的結果。他還認為「玄」是氣的根源。

揚雄

揚雄認為「玄」相容陰陽，天地萬物也都是對立統一的，對立面相互轉化，相互推移。又認為，事物的變化表現為因、革交替。「因而循之，與道神之；革而化之，與時宜之。故因而能革，天道乃得；革而能因，天道乃馴。」「因」指事物的繼承關係，「革」指事物的創新變革。他認為在繼承過程中有創新，創新過程中又不能離開繼承。

揚雄的宇宙觀基本是唯物主義的，但他把「玄」說成是宇宙的造物主，又摻雜了唯心主義的雜質。所以說，他的「太玄」體系含有調和的折衷主義的色彩。

46「一分為二」中的「一」和「二」指什麼？

「一分為二」是古代哲學講對立統一關係的重要命題。「一」是指統一性，「二」是指統一物的可分性。老子說：「道生一，一生二。」《周易・繫辭上》說：「易有太極，是生兩儀，兩儀生四象，四象生八卦。」「太極」為一或太一，指天地未分的統一狀態；「兩儀」指統一體分為互相對立的陰陽或天地兩方；「四象」指「兩儀」各自分而為二，即為太陽、少陽、太陰、少陰；「八卦」指「四象」又各自分而為二，即為天、地、風、雷、水、火、山、澤。

宋明時期，「一分為二」的內容已不限於宇宙形成論，而發展成了對立統一的辯證思想。張載認為事物運動的根源是統一物內部陰陽二端的矛盾方面，提出了「一物兩體，氣也」的思想。朱熹認為一分為二，「節節如此，以至於無窮」。王夫之在總結「一分為二」和「合二而一」的關係時，進一步闡發了「一」與「二」的關係，他說：「故合二為一者，既分一為二之固有矣。」肯定「一分為二」是「合二為一」的基礎。

47 理學中的「格物致知」是什麼意思？

「格物致知」是宋明理學認識論學說，原是作為誠意、正心、修身等道德修養方法的命題，從宋代理學家程頤開始，把格物致知作為認識的重要問題來對待。

程頤認為：「格，至也，格猶窮也，物猶理也，猶曰窮其理而已也。」他所說的物指一切事物，包括精神現象或物質現象。認為格物就是就物而窮其理，格物的途徑主要是讀書討論、應事接物之類。他認為格物致知的過程是一個體會、領悟所固有的理的過程。

朱熹在程頤思想基礎上，通過為《大學》作格物致知補傳，提出了系統的認識論及其方法。他以人心之靈莫不有知為認識主體，以天下之物莫不有理為認識客體，認為聯結認識主體和認識客體的方法，就是格物致知。朱熹訓格為至為盡。至，謂究至事物之理；盡，有窮盡之意。他訓物為事，「物，猶事也」。「格物」就是窮盡事物之理。

朱熹

48 何謂「清談」？

「清談」是中國魏晉時期的一種遠離時務、「談尚玄遠」的風氣，亦稱「清言」或「玄談」，始於東漢末年。《後漢書》載：「孔公緒能清談高論，嘘枯吹生。」所謂「嘘枯吹生」，就是指品題人物能做到「枯者嘘之使生，生者吹之使枯」的一種違背實際的吹嘘。曹魏時代，由於識別人物、選拔官吏的需要，發展起一種「才性之學」，討論性與才的關係問題，從而使清談從品題人物進入了抽象的才性問題的討論。劉邵的《人物志》就是關於這個問題的。玄學清談以《老子》、《莊子》、《周易》所謂「三玄」為中心，其主要代表人物有何晏、王弼、嵇康、阮籍、王衍、向秀、郭象等。何晏、王弼以為「天地萬物皆以無〔為〕為本」，主貴無論。嵇康、阮籍則崇尚老莊的自然無為思想，主張「越名教而任自然」，具有強烈的反儒傾向。玄學的另一派向秀、郭象通過注《莊子》發揮自己的玄學思想。向秀「雅好老莊之學，莊周者內外數十載，……秀乃為之隱解，發明奇趣，振起玄風，讀之者皤然心悟，莫不自足一時也」。郭象則「好老莊，能清言，……如懸河瀉水，清而不竭」，他又在向秀《莊子》注的基礎上「述而廣之」，建立了精致的玄學思想體系。

49 司馬光有哪些哲學思想？

司馬光，字君實，北宋思想家、歷史學家。他的著作很多，有《司馬溫公文集》、《稽古錄》、《迂書》，還有「鑒於往事，有資於治道」的《資治通鑒》。

司馬光被稱為北宋道學「六先生」之一，與道學之興有密切的關係。他認為，天是自然、社會和人生的最高主宰，「人之貴賤貧富夭壽系於天」，一切全由天命所定，人力不能加以改變。他還說：「天地不易也，日月無變也，萬物自若也，性情如故也，道何為而獨變哉？」認為社會歷史有萬世不易之規，即禮義紀綱。他很強調仁義禮智等封建道德的作用，認為這是決定社會治亂興衰的根本。他還提倡「誠」的修養境界。他用唯心主義天命論和道德決定論維護封建社會的統治秩序。為了使統治者汲取歷史的教訓，司馬光在史書中也曾揭露了一些苛政嚴酷、社會腐敗、民不聊生的史實，這對於了解封建社會的歷史有一定的參考價值。

50 陸九淵的心學體系是什麼？

陸九淵，字子靜，也稱象山先生。他是宋明理學中「心學」派的開拓者。陸九淵以「心即理」為其思想核心。所謂「心即理」，就是指把自然的普遍規律與封建綱常倫理合二為一，認為是人所固有的先驗意識。「理」與「心」既然是完全同一的，那麼宇宙萬事萬物之「理」，就是每個人心中之「理」，所以他說「宇宙便是吾心，吾心即是宇宙」。就人而言，人同此「心」，心同此理，人們雖然可能有不同意見，但人的先驗的道德意識沒有差異。陸九淵認為「理」的普遍必然性必須通過人「心」來證明，人心之理是宇宙之理最完美的體現。「心」是陸九淵哲學思想的基本範疇，他的哲學以「發明本心」為宗旨。

陸九淵從「心即理」出發，在認識問題上提出了反省內求的「簡易」、「直捷」的方法。他認為，「理」在每個人的心中，「明理」用不著探求外物，甚至連書也是多餘的。陸九淵認為讀書只是印證「此心之良，人所固有」，「六經皆我注腳」。如果忘記了這個根本，讀書無益而有害。

陸九淵

51 王守仁的心學「良知說」有哪些內容？

王守仁，字伯安，明代哲學家，心學唯心主義集大成者。

王守仁心學的特點是他的「良知說」。他認為，人心之責明就是良知，良知即是天理，故不可在良知之外求天理。他說，良知是造化的「精靈」，「生天生地，成鬼成帝，皆從此生，真是與物無對」。天地萬物皆從良知中產生，沒有我的良知，便沒有天地萬物，但良知為人心之所固有。他又說，良知是「天淵」，是天地萬物發育流行的根源，因此，良知又稱為「太虛」。天地萬物在太虛中發育流行，就是在良知中發育流行，而不是在良知之外。

王守仁的所謂良知，實際上是主觀的道德意識，它既是是非標準，又是善惡標準，即真理和道德標準。王守仁的良知說，雖是一種先驗論，但它打破了聖人同凡人的界限，在客觀上具有動搖儒家權威的作用。

王守仁又提出良知無善無惡的思想，認為良知是超出善惡之上的絕對至善，是超出是非之上的絕對真理。

朱熹是怎樣成爲理學的集大成者的?

朱熹,字元晦,號晦庵,別號考亭、紫陽。他是封建社會後期知識淵博、影響深遠的學者,他確立的完整、精密、獨特的理學思想體系,成為元、明、清時代佔統治地位的官方哲學。朱熹本人也如同孔子那樣被尊為「萬世宗師」的「朱夫子」。朱熹之所以能成為理學的集大成者,首先在於他具有廣博的學問和探究事理、「窮理」的精神。他不僅總結北宋以來理學家的各派學說並融會貫通,同時也汲取並改造了某些唯物主義的思想資料,納入自己的理學體系。對佛、道也是取其哲理的部分,去其有悖於封建倫理的觀念。對於自然科學知識表示了一定的尊重,認為它雖是「小道」,卻不是「異端」,屬於「窮究道理」的內容之一。因此,朱熹思想的深度和廣度,在理學家中是沒有人可以與之相比的。

朱熹理學思想體系的核心是天理論,以理氣說為中心內容。倫理、理、太極是同義詞,是朱熹理學思想的最高哲學範疇。關於知行學說,朱熹則強調知先行後,但又認為「知行相須」,注意「行」在認識中的作用。

53 顏元提出了哪些哲學觀點？

顏元，中國清初的唯物主義哲學家，顏李學派創始人。顏元是清初經世致用思潮的積極倡導者之一。他激烈反對程朱理學和陸王心學所提倡的靜坐誦讀、空談性命、不務實際，強調實學、實習、實用。通過習行以達到致用的目的，是顏元學術的最大特色。

他的唯物主義哲學觀點「理在氣中」，是這種思想的理論基礎。他在《存性編》中說：「氣即理之氣，事即氣之理。」認為氣、理是統一的，但氣是第一性的，是基礎；理是第二性的，是氣之理。他在《四書正誤》中認為，此理只能在事物之中，不能在事物之上。他把求知識和修養德性的方法歸結為不斷的「實學」、「實習」、「實行」，並以日常生活的經驗來做具體論證，有把實踐作為認識基礎的思想傾向。

顏元

54 爲什麼說《朱子語類》是研究朱子學的主要資料？

《朱子語類》也叫《朱子語錄》，是南宋朱熹長期講學語錄的分類彙編。朱熹的門人九十多人記錄了他的講學問答，各弟子所記詳略輕重時有歧異。其內容涉及自然科學、哲學、教育、政治、史學等方面，是研究朱熹思想的重要資料，共一百四十卷。

《語類》中的第一卷，較集中而明確地論述「理」或「天理」為最高的哲學範疇，為宇宙的根源、根本。在六十二、九十四等卷則進而論述理、氣關係及「理一分殊」問題。《語類》卷四中較多地談「氣凜」，認為人的精神品質是由所凜的陰陽五行氣質所決定的，從先天的氣凜的不同論證人的賢愚善惡。《語類》卷十一、二十四，對教育思想方面「學與思」、「溫故」與「知新」相互依存的關係有較精采的論述，強調了知識更新的重要，認為除去舊見才能有新意，但新的知識也離不開舊有的知識基礎。朱熹的這種觀點在中國教育思想史上是有積極意義的。

《朱子語類》本身是明白易曉的語錄體，為歷來學者所喜讀。它內容豐富，涉及的知識面較寬，富有哲理性，其中提出了不少在今天仍有某些啟發意義的問題。它是研究朱子學的主要資料。

55 黃宗羲的哲學思想有哪些？

黃宗羲，字太沖，號南雷，學者稱梨洲先生，明清之際的思想家、哲學家。黃宗羲學識淵博，對天文、算學、地理等均有研究，尤長於史學，創浙東史學派，開清代史學研究新風。他的主要著作有《明夷待訪錄》、《易學象數論》、《南雷文集》等。

黃宗羲的哲學思想比較複雜。在理氣關係上，他基本堅持氣一元論的唯物主義觀點，認為氣是第一性的，理是第二性的。他說：「道天地，亙古今，無非一氣罷了。」他反對程朱理學把理作為獨立存在的條件，認為理只是氣運行變化的條理，只存在於氣中。在心物關係上，則傾向於王守仁心學，持唯心主義觀點。

黃宗羲對中國思想史的最大貢獻和其思想的最精采之處，是他對封建主義君主專制的批判，以及在批判中表現出來的近代民主思想的萌芽。他在《明夷待訪錄．原君》中指出：「為天下之大害者，君而已矣。」他認為，在上古時代，天下人民是主，君是客。在封建專制主義制度下，這種關係被顛倒了。在君臣關係上，他嚴厲批判把臣

黃宗羲

作為奴僕的隸屬關係，認為君臣對天下萬民的事要共同負責。他反對君把臣作為奴僕，也反對臣對君盡愚忠。他提出了以學校為議政機構的設想，他特別重視學校的作用，認為一切方針都應出於學校。黃宗羲反對傳統的以農為本、以工商為末的陳舊觀點，明確提出「工商皆本」的主張。

黃宗羲的思想是明代中葉以後出現的資本主義生產關係的萌芽在社會意識形態上的反映，它體現出明清之際唯物主義思想高潮和近代民主思想萌芽的特點，而且成為近民主思想萌芽的代表。

56 方以智的「合二而一」論有什麼特點？

方以智，字密之，桐城人，明清之際的哲學家。他學識淵博，在天文、醫學、文學、音樂、書畫等方面都有造詣，特別是對自然科學和哲學有過系統研究。「合二而一」是他的哲學思想體系中的一個著名的命題。

「合二而一」，原意不是講對立面的調和、融合，而是講對立面的統一。他說：「『交』也者，合二而一也。」他所說的「交」，是指對立面的相互交感、相互聯結、相互貫通。在他看來，對立面之間的相互交感、聯結、貫通，是由於對立物之間本來存在著同一性。他把同一性既理解為對立物共處於統一體中，也理解為矛盾的雙方各以對立的方面作為自己存在的前提。

不過，方以智的「合二而一」說也有理論上的失誤之處，與前人一樣，他不懂得矛盾的同一性是具體的、有條件的，而往往把同一性當成抽象的同一性，由此進而否定事物之間的差別，取消矛盾和對立。

57 王夫之對否定和矛盾轉化的態度是怎樣的？

王夫之提出「樂觀其反」這一哲學命題，表明了他對否定和矛盾轉化的態度。

在王夫之看來，陰陽的對立統一是事物運動變化的源泉，他用「兩端」來概括事物內部矛盾的兩個方面。他認為陰陽兩氣的相互摩蕩是元氣運動變化的內在原因，他認為乾和坤、陰和陽對立雙方都沒有先後之分，雙方同時產生，同時存在，乾坤並建，時無先後。矛盾雙方中的任何一方都不能脫離對方而獨立存在，也就是「無有乾而無坤之一日，無有坤而無乾之一日」，認為任何事物都是矛盾的統一體。

王夫之

正是從這種觀點出發，王夫之批判了邵雍等理學家把對立面看做是「破著兩片」，從而否定對立面相互轉化的形而上學謬論。天下沒有截然分開、絕對對立的東西。他認為很多東西隨著時光的轉移、條件的轉化可以互相轉化，對待事物間對立面轉化的態度應「樂觀其反」，不要害怕對立面的鬥爭，而要善於從對立中把握統一，在統一中把握對立，這樣就能在矛盾發展面前「樂觀其反」「而利用之」。王夫之在這裡把客觀辯論法和人的主觀能動性結合起來。

58 龔自珍的人文主義思想表現在哪裡？

龔自珍，號定庵，浙江仁和（今杭州）人。他注重經世致用之學。著作有《明良論》、《尊隱》、《尊史》等。他的人文主義思想主要表現在歷史觀方面，他的歷史哲學使人感到了近代的氣息。

首先，他強調歷史是「眾人自造，非聖人所造」，明確地批判了傳統儒家的聖人史觀。龔自珍用「眾人」來與「聖人」對立，強調「眾人」在創造歷史中的作用。在他看來，歷史是整個人類的歷史，絕不是少數人的活動，這是不容懷疑的。

其次，龔自珍強調「我」的作用。認為歷史的第一個原理不是道，不是太極，而是「我」。「我光造日月，我力造山川」，這並不是說日月、山川、萬物都是「我」創造的，而是說日月、山川、萬物之名是「眾人」所造，在「眾人」之中，每一個人都有「我」，所以才說我造，但每個「我」並不是孤立的。

再次，他肯定人的「私欲」在歷史上的作用。龔自珍認為人皆有自私之心，正是從這種觀點出發，他否定了封建統治階級倡導的所謂的「無私」。這一方面是對宋明以來理學家所宣揚的「存天理，滅人欲」的抗議，同時也是清末資本主義經濟在意識形態領域裡的反映。

59 「人不憂患，則智慧不成」的著名論點是誰提出的？

「人不憂患，則智慧不成」是魏源的著名論點。他認為憂患可以使人產生智慧，「多難興邦」，憂患出人才。他說：「天下無事，庸人不庸人；天下非多難，豪傑不豪傑。」是說天下無事時，庸人也看不出他是庸人；天下無危難時，豪傑也顯示不出豪傑之才。正是國家處於危難之際，才能產生豪傑，這是一種唯物論觀點。他指出，《詩經》三百篇是詩人發憤之所作，《易經》是文王憂患而作。正是憂與憤可以使人覺醒過來，不搞空談，求真實的學問，從而努力改變現狀，由「否」而

魏源

至「泰」。那該怎樣做呢?他提出兩條:一是要去掉老大「天朝上國」的偽飾,去掉人們的畏難心理,去掉種種因循守舊和營私謀利的做法;二是要講求實事實功,了解敵情,切切實實的去對付外來侵略。這兩條既是政治上的要求,也是思想認識上的要求。可以說,這兩條制約著中國近代認識論的發展方向。

60 洪秀全宗教神學世界觀的合理因素有哪些?

洪秀全,廣東花縣人。他發動和領導的太平天國運動,是中國近代舊民主主義革命時期第一次反帝反封建的革命高潮。但洪秀全思想深處卻有個宗教神學的世界。他親自創造拜上帝會,尋找思想武器以批判封建制度。

洪秀全編造了「奇夢」,說自己是上帝的次子、耶穌的兄弟,借助上帝的權威為他發動農民起義開闢道路,掃清思想障礙。他利用基督教的平等觀,強調一切人都是上帝的兒女,四海一家,人皆兄弟,人與人之間是平等互助的關係,從而在思想理論上否定了封建的君主專制和等級制。認為人生來平等,天下國家不能為封建帝王私自霸佔。洪秀全借助宗教的平等觀,號召人們起來建立一個平等互助的理想社會,在宗教的形式下表達了中國人民樸素的平等要求。

洪秀全還利用宗教形式衝擊了幾千年來封建統治的精神支柱——孔孟之道,表現了覺醒的農民向封建文化的挑戰，表現了農民掙脫封建精神桎梏的勇氣。

61 什麼叫「物競天擇」？

「物競天擇」是嚴復翻譯英國著名生物學家達爾文的進化論時所獨創的譯語。物競天擇、適者生存是自然和人類社會共同的規律。嚴復在《原強》一文中對此作了介紹和評述，他說：「其一篇曰：物競。又其一曰：天擇。物競者，物爭自存也。天擇者，存其宜種也。……此所謂以天演之學，言生物之道者也。」「物」是指各種生物，「天」是指自然界。達爾文認為，自然界的各種動植物為了自身生存，勢必爭奪生存必需的空間、陽光和食物。在種與種、群與群的相互競爭中，優勝劣汰，具有良好品質的、適應自然環境的物種得以生存繁衍，反之則被淘汰，直到滅種。嚴復以「物競天擇」這個概念概括了上述思想。他認為「物競天擇」不僅是生物進化的規律，而且適用於人類社會。在世界各國家、各民族之間同樣存在競爭和淘汰，同樣是適者生存。他以此提出，面對帝國主義強國的侵略，中國應當變法維新，自強保種，否則難逃厄運。

62 康有爲的「公羊三世說」的主要內容是什麼？

康有為，廣東南海人，後人又稱他為康南海，是資產階級改良派政治家和思想家，戊戌變法維新運動的發起者和領導者。為了給維新變法製造理論依據，康有為提出了他的「公羊三世」說。他認為，《春秋公羊傳》中包含有「三世」的思想，即所謂「所見世」（指孔子親眼見到的）、「所聞世」（指孔子所親自見過的人說的）、「所傳世」（指孔子聽說的傳聞）。他又把這種所謂「三世」同《禮記》所講的「大同」、「小康」聯繫起來，說：「所傳世托據亂，所聞世托升平，所見世托太平。」還說「公羊三世」，就是由「據亂世」進化到「升平世」（「小康」），再由「升平世」進化到「太平世」（「大同」世界），並認為這是人類社會進化的普遍規律。戊戌變法前，康有為宣稱「據亂世」是政治混亂的時代，「升平世」是君主統治時代，「太平世」是民主時代。現在君主統治時代的局面再也不能繼續下去了，應向民主時代前進。這樣，他用「公羊三世說」為他的改良主義的政治主張提供了理論依據。

63 譚嗣同的《仁學》是怎樣一個思想體系？

《仁學》力圖將中西學說的觀點雜糅溶化為一個新的體系，並通過這種大雜燴的形式，闡述作者的哲學世界觀和社會政治學說。

《仁學》提出「乙太」、「仁」為宇宙本體的世界觀，使他的思想體系有調和唯物主義和唯心主義的泛神論色彩。「乙太」是從西方借來的概念，他認為萬事萬物都由「乙太」構成，具有唯物主義傾向，但他又說「仁為天地萬物之源，故唯心」，具有唯心主義傾向，這是他力圖貫穿中西而又未充分消化的結果。

《仁學》提出「衝破網羅」口號，是譚嗣同用西方政治學說改造中國傳統倫理學說的結果。「仁」原是儒家提倡的封建道德規範，雖然譚嗣同以資產階級的平等、自由的原則去解釋，賦予「仁」以「通」的含義。他要求實現「上下通——破除君民相隔，行君主立憲；中外通——破中國與外國界限，同西方通教通學；男女內外通——破男女、宗族的界限；人我通——破人與人之間界限，要求平等和自由」。如有不「通」，即表明是對「仁」的違背，即為社會所設置的羅網。以此為根據，譚嗣同批判了封建專制主義和綱常名教。而「君主之網羅」、「倫常之網羅」，均被列為堅決衝破的對象。

近代中國哲學發展的歷程，是西方的思想與文化不斷與中國固有的思想與文化發生碰撞、鬥爭的歷程，與這一過程同時發生的是兩者的交流、融合。譚嗣同的《仁學》正是中西文化碰撞與交融的產物。

他力圖把西方近代的自然科學和社會政治學說同中國古代哲學結合起來，為戊戌變法前的資產階級提供一個思想基礎。不過譚嗣同並沒有把中西的許多思想資料融會貫通，但對人們的思想解放仍有著相當大的促進作用。

64 梁啓超的史學理論有哪些？

梁啟超，號任公，又號飲冰室主人，廣東新會人。與康有為倡導變法維新，合稱「康梁」。

梁啟超首先提出了「史學革命」的口號，是開創中國近代資產階級史學的大師之一。他在《新史學》等論著中，猛烈抨擊封建階級的舊史學，說它有四弊、二病。四弊是：一、「知有朝廷而不知有國家」。舊史完全是為帝王將相而作，是提倡奴性的書。二、「知有個人而不知有群體」。他認為人物不過是歷史的材料，是時代的代表，應探察人間全體之運動進步。三、「知有陳跡而不知有公務」。四、

梁啟超

「知有事實而不知有理想」。他認為人是有精神的，沒有精神的人不可謂人。歷史也是這樣。「理想」就是歷史的精神。梁啟超在剖析了舊史學之四弊後，又指出舊史學之二病：「其一能鋪敘而不能別裁」，「其二能因襲而不能創作」。四弊、二病合稱六弊，從而舊史給讀者造成三大惡果：「一曰難讀，浩如煙海，窮年莫殫。……二曰難別擇……不能擇其某條有用，某條無用。……三曰無感觸。」梁啟超列舉舊史學的幾大弊端，生動的勾畫了封建史學的形象和特徵，同時也為建立他的新史學奠定了基礎。

65 孫中山「知行觀」的特點在哪裡？

辛亥革命推翻了清王朝的封建帝制，是中國近代史上一次意義深遠的革命。然而，它卻未能建立起真正近代意義上的民主共和制，這是促使孫中山探究深層理論——觀念的原因。孫中山以「知難行易」的創造性解釋，在解決這一課題的艱難道路上邁出了極其關鍵的一步。

孫中山遵循實驗科學方法論的認識途徑，承認人類獲得知識的過程必須通過「不知而行」、「行而後知」的階段，肯定了「行」在先，「知」在後，「先有事實，後有言論」，因而「行」是易，「知」是難。而孫中山的辛亥革命之所以最終失敗，基本原因之一恰恰在於他的理論之於中國，缺少了一個近代西方諸民族所經歷的為科學觀念和理性精神所洗禮的深刻歷史過程，而這又是知易行難的傳統哲學觀念忽視和科學理論的嚴重後果所在。所以，孫中山把消除中國幾千年來「知之非艱，行之維艱」一說的嚴重危害，看作是他一生的最大使命之一。

孫中山所作出的從「知易行難」到「知難行易」的創造性轉換，打破了傳統的思想方式，塑造和重新建構了與近代科學理論相對應的新的思維方式和文化——心理結構，從哲學上開拓了國人的思想——心理空間。

藝術篇

藝術篇

1 甲骨文與金文是什麼？

中國目前所能發現的最古老的文字就是殷王朝的甲骨文字。清光緒二十五年（西元一八九九年），北京國子監祭酒、古文字學家王懿榮在中藥「龍骨」上首次發現這種形狀奇特的文字。

甲骨文是刻寫在龜甲和獸骨上的一種古代文字。「甲」指龜甲，而「骨」主要是牛的肩胛骨。這些字絕大多數是用銳利的銅製刀雕刻的，極少數是用墨或漆寫的，還有的則是刻好後再填以朱砂，可見殷代已出現了類似毛筆的書寫工具。

殷代後期，即從盤庚遷都（西元前一三〇〇年）至殷亡的二百七十三年間，殷王室都是以甲骨文作為占卜記事的文字。卜辭內容上至王室祖先的祭祀、農作物的豐歉、雨水的有無、外夷的入侵，下至帝王之夢、王妃妊娠分娩等生活瑣事，極其廣泛。

甲骨文的出土地點在河南省安陽縣西北小屯村，那裡歷來被傳為殷都遺址，也就是通稱的殷墟。

殷代早期，中國由新石器時代轉入青銅時代。殷代後期，隨著製銅技術的高度發展，出現了刻在金屬上的銘文，甲骨文的使用急劇衰退，銘文逐漸流行起

商代狩獵甲骨文

來。由於古人把「銅」稱作「金」，所以這種鑄在青銅器上的文字稱為「金文」。金文一般是先用毛筆寫好，再刻在模子上鑄出來，戰國時期的金文，有些是直接刻在器皿上的。鑄刻的字凹下去的叫「陰文」，又稱「款」，凸起來的叫「陽文」，又稱「識」，合稱「款識」。

2 什麼是大篆、小篆和隸書？

大篆，廣義指小篆以前的文字和字體，包括甲骨文、鐘鼎文、籀文和六國文字；狹義專指周定王太史定的文字，即「籀文」，代表作為《石鼓文》。

《石鼓文》刻在十個鼓形石上，每一石刻一首有韻的四言詩，體裁類似《詩經》。它的內容是記敘秦國國君游獵的情況，也稱《獵碣》，它於唐初發現於陝西鳳翔。其書法雍容和穆，筆勢雄強渾厚，樸素自然，結體略帶方形，端莊凝重。其書風與用筆寫字頗為一致。過去，被人稱為「書家第一法則」，杜甫、韋應物、韓愈等詩人都有詩篇題詠。

小篆又稱「秦篆」，是秦始皇為統一天下文字而命李斯所製（漢許慎《說文解字．敘》）。小篆筆畫圓轉流暢，較大篆整齊。其代表作品有六，相傳皆出自李斯手筆，為秦始皇歌功頌德而作。最早的一塊刻石是嶧山刻石，另有泰山、琅琊臺、芝罘、碣石門、會稽刻石等。

隸書亦稱「佐書」、「史書」、「今文」等，是繼小篆之後通行的漢字書體。其特點為結構刪繁就簡，筆勢由篆書的圓轉變為方折。據記載，隸書產生於秦始皇時代，在西漢的廣泛使用中日趨成熟，在漢時臻於鼎盛。以桓、靈之際的碑刻為代表的東漢隸書，書寫時更講究藻飾，富於俯仰之變和波磔之美。它已發展成與篆書絕然不同、獨具風姿的書體。魏晉以後，隸書逐漸被楷書取代。

漢隸是中國書法藝術中的瑰寶，處於漢代書壇主導地位。

3 草書及其分類是怎樣的？

草書是繼篆書、隸書之後的又一大書體，又分為章草、今草和狂草。

章草是從漢隸演化而來，以簡捷和草率的筆法出之，筆畫有些連綴索帶，但每字不相連屬，收筆常像雁尾似的往上挑。

今草是在章草的基礎上結合新興楷法發展而成的草體。唐人張懷瑾這樣描寫今草：「字之體勢，一筆而成，偶有不連，而血脈不斷。」王羲之父子為今草的代表，另外還有智永和孫過庭。

狂草是草書中最放縱的一種。它淵源於今草，又與今草字多作獨立的所謂「獨草」的體勢形體不同。狂草開始於唐代張旭。他的草書特喜連綿迴繞，線條偏於豐肥圓勁，甚是神異，人皆以「張顛」稱之。傳世銘刻以《肚痛帖》、《千字文》最著名。另一代表人物為張旭的學生、僧人懷素。他改張的豐肥為瘦硬，風格為之一變。代表作為《自敘》、《千字文》。

4「書聖」王羲之與《蘭亭集序》的成就如何？

王羲之字逸少，世稱「王右軍」，東晉（今屬山東臨沂琅玡）人。他出生在一個大貴族家庭，年少時拙於言辭，但長大後卻有辯才。

王羲之生活在一個由隸書轉變到楷書的過渡時期。他所致力研究的是張芝的草書和鍾繇的楷書。他融會古今的筆法，對之加以變化和發展，形成新的體貌。他早期作品《姨母帖》還比較質樸，後來逐步摸索形成妍美流暢的新體。

王羲之遺留下來的書作有章草、今草、楷書、行書四種，以行書最為著名。他的行書遒媚勁健，變化萬千，是書法藝術寶庫中的奇葩，而其傳世奇作《蘭亭集序》更是行書極品。

晉穆帝永和九年（西元三五三年），王羲之、謝安等四十一名文人在會稽山陰（今浙江紹興）的蘭亭，舉行一次盛大的風雅集會，流觴曲水，飲酒賦詩。五十一歲的王羲之於酒酣之時，用蠶繭紙、鼠鬚筆趁興而書，

《蘭亭集序》

寫下《蘭亭集序》這篇傳頌千古的名跡。通篇布白天然，結構多變，用筆精妙，穠纖得體，圓潤流暢，充分表現出晉人瀟散自然的風致，無愧為「天下第一行書」之稱。

這部作品最大的特點在於其多變的結構。它不求對稱，強調揖讓；不求均勻，強調對比。結體或修長或渾圓，突破隸書扁平方正的形貌。文中二十個「之」字，寫法個個不同，或平穩舒放，或藏鋒收斂，或端整如楷，或流利似草，變化不一，盡態極妍。

《蘭亭集序》為歷代習書者競相臨摹，但無論摹寫得多麼細緻，都難以體現出原作品中流露出的乘興而書的那種神采。唐太宗得此後，曾摹拓數本分贈近臣，以神龍半印本最為傳真。現在傳世的皆為摹本，有人認為唐太宗死後，《蘭亭集序》原跡被陪葬於昭陵。

5 隋唐名家歐陽詢的書法有何特點？

歐陽詢，字信本，唐初四大書法家之一。其書法學王羲之，得其神髓，凝重險勁，人稱歐體，在中國書法史上佔有極重要的地位。其子歐陽通亦擅書法，合稱大小歐陽。

歐陽詢書法在隋代已很出名，到了唐代更是書名卓著，遠播外夷。高麗王曾派專使求其墨跡，故唐高祖李淵嘆曰：「不意詢之書遠播夷狄。」他的楷書融合了魏、晉、南北朝碑書的特點而自成一家，穩重簡練，化獷野為文明，引曠達為端雅，開一代風氣，對後世影響極大。清包世臣說他：「楷法沉實，力貫毫端，八方充滿！」前代人評其書曰：「有龍蛇戰鬥之象，雲霧輕籠之勢。」

其書法理論傳至今日的有：《八訣》、《三十六法》、《傳授訣》、《用筆論》四篇。從點畫結構到用筆，是一套完整的書法理論，是歷代書論中極為著名的論文。

6 虞世南的書法藝術成就如何？

虞世南，字伯施，是初唐時期傑出的書法家。他與歐陽詢齊名，人稱「歐虞」，後來又與稍晚的褚遂良、薛稷，合稱為「唐初四大家」。

虞世南出身在南北朝的梁、陳世家大族。他學文於當時的大文學家顧野王、徐陵。二位老師對世南特別器重，加意栽培，世南則刻苦學習，博學強記。這對他日後能以文章冠天下是至關重要的。

相對於高超的文學造詣，更令虞世南名揚天下的是他的書法技藝。世南學書於隋僧智永。智永是王羲之七世孫，書法得王氏家傳。世南親承指授，勤於學習，到了廢寢忘食的地步，甚至在臨睡前還不停地在被中劃腹習字。他學於前人卻不拘泥於前人，登堂入室後能再自立門戶，開創獨特的書法藝術流派。他的書法筆致外柔內剛，呈現出一種雍容靜穆的典型風格，號稱「虞體」，對當時的書風影響甚大。

唐太宗李世民酷愛王羲之書法，對於這位盡得「二王」妙法的虞世南甚為親近，更因世南性格沉靜寡欲，容貌儒雅，議論正直，博學多才，故屢次加封他的官職。平時在政務之暇，共論經史，切磋書藝，還常在一起討論古帝王為政之得失，世南常常加以規諫。太宗深為嘆服，讚譽說：「世南一人有出世之才，遂兼五絕。一曰德行；二曰忠直；三曰博學；四曰文詞；五曰書翰。有一足為名臣，而世南兼之。」世南死，太宗悲痛哀哭，並繪世南像於凌煙閣，陪葬昭陵。

虞書書跡今日所可見者，尚有楷書《昭仁寺碑》、行書《積年帖》、草書《論道帖》等。而以《孔子廟堂碑》最為著名和可信。碑文長達三千餘字，整篇氣勢貫連，整飭有法，無一字不精神。

在書法理論方面，有《筆髓論》和《書旨論》兩篇傳於後人。

7 爲什麼說顏眞卿是書法藝術的集大成者?

宋代文學家蘇軾盛讚顏書，稱顏真卿是書法藝術的「集大成者」。事實的確如此。

顏真卿，字清臣，京兆萬年（今西安）人。因官封魯郡公，故世人又稱「顏魯公」，是我國盛唐——中唐時期著名的書法家。

顏真卿出身文人世家，開元年間考中進士，從此步入仕途。書法上得到名家張旭指點，精進不已。作為集大成者，他熔鑄漢魏兩晉以來書法藝術的造型經驗，汲取了篆、隸、行、楷、草的字形構架、結體形式和用筆特點，自創「屋漏痕」用筆之法。對於藏鋒、中鋒運筆，他所開創的「蠶頭燕尾」筆法，點劃顯得更有力，被世人稱「顏筋」。在楷書造型上，顏真卿吸取篆隸特點，將篆隸與楷書融合，並令字若浮雕，具有立體感。這是不少書家的楷書不宜寫成大字，而顏派楷書寫成大字更妙的原因。

顏真卿　顏氏家廟碑　拓片

顏真卿

從時代來看，顏真卿與杜甫年齡相近，同樣經歷了開元盛世，並目睹安史之亂後唐帝國由盛轉衰的過程。他在平息安史之亂的戰役中，經歷了親人全家死難的痛苦，在極度悲慟中寫成《祭侄稿》，並產生了《李玄靖碑》、《告身帖》等一系列重要作品。這一時期，不僅最後創立了顏真卿獨特的書法風格——顏體，奠定了他在唐代書壇上的領袖地位，而且也成就了其在中國書法史上的不朽地位。今天，人們仍以顏書作為學習的範本。

8 嚴謹清俊的柳體字有什麼書法特色？

歷史上與顏體齊名的另一標準字體是「柳體字」，它是由繼顏真卿之後又一位唐代楷書的集大成者，與其並稱「顏柳」的柳公權所創。

柳書的成就主要體現在《玄秘塔碑》、《神策軍碑》兩碑上。《玄秘塔碑》是柳公權晚年之作，運筆方圓兼施，結構勁緊，豪爽中透露秀朗之氣。從兩部碑文中可以看出，柳書的用筆謹遵前人，講究提按清晰，頓挫分明。這種方法貫徹於每一個字中，使其點畫斬釘截鐵，渾厚挺拔，給人以不可屈折的力量感。

具體來說，柳體楷書在用筆上採用中鋒行筆、無往不收的要領。例如，其點的筆法多為橫空落筆，裹鋒側行，用力漸按，轉鋒收筆，絕不窘滯，有的點甚至改為短橫；其豎則起筆頓挫，用力緩行，懸針都力注鋒尖；其鉤在鉤末、鉤間往往銳滿含蓄，似箭在弦

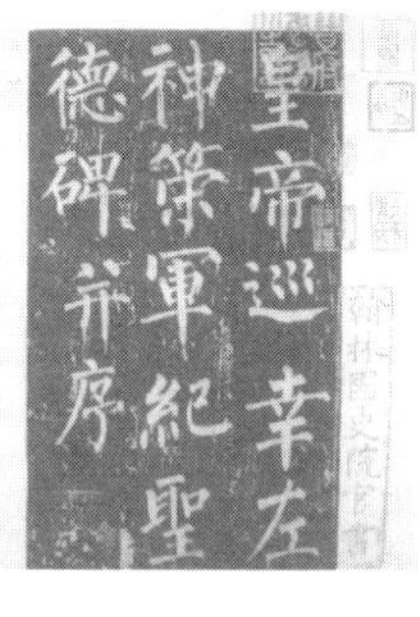
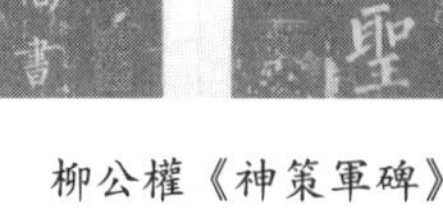

柳公權《神策軍碑》

上，引而待發。

柳體節風清勁挺拔，俊秀深厚，給當時的書壇吹來一股清新之氣，從而糾正了許多學顏書者過於浮於形式而失之肥俗、缺乏神采的流弊。作為後人習字典範，柳體書名列顏、柳、歐、趙四大真書法家之列。

9 文豪蘇軾的書法成就是怎樣的？

北宋最著名的文人首推蘇軾。蘇軾字子瞻，號東坡居士。他在詩、詞、散文等方面的成就，使得其在書法上的成就相比之下不免顯得遜色了些。

其實，蘇軾在書法上的造詣之精深亦令人嘆為觀止，與黃庭堅、米芾、蔡襄並稱書法「宋四家」。

蘇軾的書法成就主要是體格的創新。他反對傳統束縛，認為寫字重神韻，重視表現個人的思想感情。他的作品，因書寫時心境、情緒、內容不同，有不同的體勢和筆意，有時平淡秀潤，有時雄奇跌宕。這一書法特點主要在於蘇軾學問淵博，識見精深。他的字特別富有書卷氣，能在筆畫中體會到筆畫外的意境，故變化無窮。他自謂「鋒藏畫中，力求字外」，「如錦裹鐵」，融雄偉與清逸於一體之中。最終，他以整幅布白的自然灑脫天趣，取代了以牽絲取勝為特點的晉魏風範，從而開創了以「剛健婀娜、豐腴圓潤」為風格的「蘇體」。

蘇軾書法作品中最為著名的就是那篇傳頌千古的《前赤壁賦》。此卷採用行書，筆力圓健，鋒芒內斂，墨色凝重，給人以端莊勁秀之感。董其昌云：「東坡先生此賦，楚騷之一變；此書，《蘭亭》之一變也。」該卷原跡現藏臺灣。

「我書意造本無法」，蘇軾主張不拘泥於古人成法，而應「自出新意」，這種自由的思想使得他習字得心應手，變化萬千，也開創了後代書法家推陳出新的氣象。

10 黃庭堅書法成就如何？

宋朝時期文壇十分活躍，能人輩出。蘇軾門下就有四名高徒，人稱「蘇門四學士」：張耒、晁補之、秦觀和黃庭堅。尤以秦觀的詞和黃庭堅的書法最為著名。

黃庭堅，字魯直，號黔安居士，洪州分寧（今江西修水）人。他開創了江西詩派，被奉為一代詩宗。在書法上，被《宋史》本傳稱為「善行、草書，楷法亦自成一家」。在書法宋四家中，是最富有創造性的一位。

新奇是黃庭堅書法藝術的主要特點。他有句話「隨人作計終後

黃庭堅

人，自成一家始逼真」說得恰到好處。

黃書中最奇偉、成績最突出的是草書。他得筆法於張旭、懷素，特點為用筆瘦勁婉美，雄放瑰奇；體勢縱橫開闔，奇姿危態百出。特別是狂草，他用筆圓轉飛動，使用點子和斷筆特多，不求每行的陡直，只求通盤的氣勢連貫。連綿飛舞中，又富有節奏之美。其草書主要代表作品有《李白憶遊詩卷》、《廉頗藺相如傳》等。

黃公論書，最重一個「韻」字。他說「書畫以韻為主」，就是要求字的意境要高，風神氣度要雅。按他的說法，一個書法家的書藝風格或超邁或流俗，最終取決於書法家個人道德思想的修養。

此外，他還非常重視臨摹、精讀，並講究用筆。臨摹方面強調神似。他教導學生：「學書時時臨摹可得形似，大要多取古書，細看令入神，乃到妙處。唯用心不雜，乃是入神要路。」這些學書秘訣，應是後代學書的至理。

11 米芾爲什麼自稱「刷字」？

「刷字」這一筆法，在日常習字運筆中並不多見。它是指運筆迅速、率意、揮灑自然，代表人物為宋四家之一的米芾。

米芾又稱米襄陽，筆法姿容俊美。有人這樣形容：「蔡襄勒字，黃庭堅描字，蘇軾畫字。」而米芾自評其風格為「刷字」。他用筆力道勁健，運筆迅速，給人揮灑自然、毫無矜持造作之感，同時結字不失嚴謹，使得作品整體氣韻生動。從「刷字」可以看出米派書法獨闢蹊徑的書藝風格，這就是所謂的「米書」。

12 「宋四家」書藝之首——蔡襄？

蘇東坡在《皇宋書錄》中跋蔡帖云：「宣獻太清，留臺太濁；自有國以來，當以君謨為第一。」此間「君謨」指的是北宋名臣、書法大家蔡襄。

蔡襄字君謨，福建人，其書藝在宋代被譽為當世第一。宋仁宗對他的書法十分推崇。《宋史》本傳說：「仁宗尤愛之，制《元舅隴西王碑》文，命書之。」年輩稍長於蔡襄的梅堯臣則把他與王羲之、鍾繇相提並舉；文學家歐陽修與他是摯友，稱「蔡君謨博學君子也，於書尤稱精鑒」；宋高宗趙構評蔡襄的字為「本朝諸臣之冠」。足見其書法受時人推崇之深。

蔡君謨書法有兩個鮮明特點：一是書承晉唐，恪守法度；二是神氣為佳，講究古意。他的傳世作品主要有：

1《萬安橋記》楷書大字，每字徑五寸，字體巨集壯、雄偉，氣勢磅礴開宕。結體類似顏真卿《中興頌》，有氣壓《中興摩崖》之稱，可謂大字之冠冕。

2《茶錄》小楷，是其平生得意書，可謂蔡襄小楷之冠。其字勁筆端嚴又禾筆生動，既流活又沉著有力。與小字《麻姑山仙壇記》並傳千古。

3《自書詩》行書十一首。

4《入春帖》草書。

蔡襄的字「端勁高古，容德兼備」，兀立於宋代眾多書家之中，卓為大家。他學唐代各大家，特別是顏真卿，追溯魏晉，開啟了宋朝書派的主流，不愧為中國書學史上「宋四家」之首。

13 宋徽宗趙佶與「瘦金書」的書壇地位如何？

提起趙佶，人們自然而然地聯想到這位昏庸無能的皇帝和他的兒子被金主俘虜，最後導致王室南遷，本人客死異鄉的一段苦澀史實。

趙佶在政治上雖為一代昏君，但在藝術上卻是才華橫溢。他不僅擅文辭，通音律，尤精

宋徽宗趙佶

於書畫。後人稱讚他「書畫精妙，亦古今首屈一指」。

他的書法楷、行、草書無所不工，而最有名的則是他獨創的「瘦金書」。這種藝術指一種具有瘦細、勁挺特色的楷書。它全用外拓法，如畫蘭竹，運筆挺勁犀利，輕落重收，書雖瘦細而有腴潤飄逸之感。結構上既圓滿秀麗，又通篇法度森嚴，猶如眾宮女和樂起舞，翩翩穿梭而章節不亂，充分反映出宮廷生活的特色。

「瘦金書」不僅能在宋代諸多書家中獨樹一幟，也是亙古唯有，它使得宋徽宗雖不能稱雄政壇，卻得以獨步書壇。

14 名臣劉墉的書法技藝如何？

劉墉，字崇如，號石庵，山東諸城人。在仕途上，他官至宰相高位，書法上也造詣頗深，名列乾隆時期書法「四大家」之中。

與唐寅一樣，劉墉書學趙孟頫。早年寫得珠圓玉潤，好比仙女散花一樣，很有媚趣。中年之後他擴大視界，泛學名家，筆力變得雄健，氣勢轉向「堂皇」。晚年則用墨濃重而神情平淡，達到了爐火純青的境界。

有人評價他的書法寫得肉多骨少，不免太肥，但也有人認為這正是他書法精華蘊蓄、勁氣內斂而超過別人的地方。正好比太極一般高深難測，故當「推為一代書家之冠」。

在劉墉《石庵詩集》中，曾有一首論蘇軾、黃庭堅書法的詩道：「蘇黃佳氣本天真，姑射豐姿不染塵。筆軟墨豐皆入妙，無窮機軸出清新。」可見書法上，他是推許天真清新的氣息，筆軟墨豐的形姿的。據說，他妻子黃氏也寫一手好字，平時學他書法唯妙唯肖，尤其是小楷，幾乎使人分辨不出來。因此，當劉墉晚年應接不暇時，那小楷的作品，就有很大一部分出自黃氏的代筆了。

15 「揚州八怪」的書法藝術有何特色？

「揚州八怪」是中國十八世紀中期，清康熙至乾隆年間一支「異軍突起」的書畫群體。它的形成與以畫院為正統的書畫流派截然不同。它是以揚州地域為基地，以各地先後來揚州的書畫家為主流，「八怪」為旗手，並以各具面目而

清・鄭板橋墨竹圖

又共具特性的書畫作品而匯集成派。

按歷來習慣，「揚州八怪」指金農、黃慎、鄭燮、汪士慎、李方膺、高翔、羅聘、李鮮八人。

從八怪書面風格來看，其形成與當時社會上流行的一股反對明末清初的空虛學風，追求個性解放的啟蒙思想有著一定的聯繫。在此路子上，他們不僅在文學、書畫方面有著深厚的功底，而且在思想、人品、胸襟、性情等方面，也有良好的修養。

首先，他們都重視對事物的深入理解，都以潑墨寫意手法作畫，但卻又深深懂得「必極工而後能寫意，非不工而後能寫意也」（鄭燮語）。

其次，深入細緻地觀察生活，也是他們取得成功的一個重要因素。金農曾說：「予家書屋前後皆植竹，每於雨洗煙開時，輒為此景寫照。」正因為如此，他們的作品才那麼生機勃勃，耐人尋味。

在八怪中，以鄭燮最負盛名。鄭燮字克柔，號板橋，江蘇興化人。他的書法豪爽不羈，頗具個性。鄭燮以畫蘭竹最為擅長。他的「六分半書」，融分隸摻入行楷，再加進蘭竹畫筆，從而成為一種具有獨特風格的書體。對於自己的這種書體，他曾作詩道：「要知畫法通書法，蘭竹如同草隸然。」後人認為他的書法還兼有黃庭堅書法縱橫捭闔的風味。

16 康有爲在書法上主要有什麼成就？

康有為，世稱南海先生，是中國近代思想家、政治家、文學家，一場「戊戌變法」令他名垂千古。而在近代書法史上，他又是一位提倡碑學、對書學理論和實踐都有卓越貢獻的書法家，為清代末年北碑書派代表人物。

從書法特點來說，康有為筆力雄強，中斂旁肆。他對魏碑有過全面深入的研究，認為北魏石刻「凡後世所有之體格無不備，凡後世所有之意態，亦無不備矣」。在其代表作《遊禹王臺碑》中，他吸取石刻碑版的精髓，用筆渾厚沉鬱，獨具大家風度。此外，康有為那紮實的文學功底，以及力主變革的稟性氣度也不知不覺地滲透並體現在他的書法中。

在書法理論上，康有為的《廣藝舟雙楫》可以說是晚清碑學的一個理論總結。

在這部著作中，康有為深入闡述了他的求變思想。在第一本《原書》中他指出：「變者，天也。」這首先表現在他對各種書體變遷的認識中。他說：「以人之靈而能創為文書，則不獨一創而已也。其靈不能自已，則必數變焉。故由蟲篆而變籀，由籀而變秦分……」在文字形態的變遷上，他也引用這一原理。康有為寓變法之精神於書學當中，說：「書學與治法，勢實略同。」言外之意，指自己所努力的正是一種書法革新的嘗試。這種嘗試集中體現於他尊碑抑帖的主張中。

總之，康有為的《廣藝舟雙楫》對中國的書法作了一次全面、系統的總結，以其內容的豐富和見解的獨特，成為書論史上的一部力作。

17 書法名著《淳化閣帖》以何著稱於世？

宋太宗淳化三年（西元九九二年）出內府所藏歷代墨跡，命翰林侍書王著編次摹勒，拓用澄心堂紙，賜予二大臣，此即《淳化閣帖》。因為是朝廷拓印，不同於民間，因此不到百年，原拓已極難得。

《淳化閣帖》以集書法之大成而著稱於世。它內容豐富，採擇古代帝王之書，包括篆、隸、草、行各體，是研究中國書法史的一部珍貴資料。其中以二王（王羲之、王獻之）作品最多，佔大半。

該帖翻刻本明代有上海顧從義、潘允亮及肅府等刻本最為著名。

18 楷書運筆的基本法則——「永字八法」是怎樣的？

「永字八法」就是以「永」字的八種筆畫為例，來闡明楷書運筆的基本法則。

側，即點。李世民謂「為點必收，貴緊而重」（《筆法訣》）。書寫時，落筆要帶側峻之勢，輔毫行筆，勢足收鋒。其態當如高峰墜石，不宜過於平正。

勒，就是橫畫。有長短之分，永字中為短橫。書寫時，應逆鋒落紙，卷毫向左右用力而行，緩去急回。

努，是豎畫。李世民謂「努不宜直，直則失力」。豎畫宜直中藏曲，勁中有姿，不宜僵直古板。

古代書法用筆方法中，「永字八法」稱得上是流傳久遠，最為著名的。「八法」可以觸類旁通，舉一反三。它簡明實用，對於初學者進行楷書基本功的訓練頗有價值。它不僅便於教師講授漢字基本點畫在楷書通常形式中的基本寫法，也便於啟發學生由此及彼，進一步理解各種筆畫的變化形態，結字時各種點畫的異同布置等。在今天，「永字八法」仍為人們重視和廣泛運用。因此，「八法」二字有時被引申作為「書法」的代稱。

19 印章的小知識有哪些？

印章最初始於「封泥」。古人在封存和傳遞物件時，為防止被人打開或拆動，先用繩子紮住物件，繩口用泥塊封住，然後在泥塊上蓋上印記，這印記就是最初的印章。

由於用途不同，印章的名稱也各異。總括來說，大概有璽、印、章、記等。另外也有稱印信、圖書、寶和關防的。

璽，「王者印」也。它是秦漢以來至尊者所用印章的專稱，它的質地也特別奢華，一般以上等玉石製成。故宮博物院有收藏。

印，西周金文中有該字，秦漢時一般官印都通稱「印」，大概也和封泥相類似。《漢書》記載：「二千石皆銀印，二百石以上皆銅印。」傳世的有「關內侯印」、「軍司馬印」等官印。關於「印」字，秦漢以後，各朝代凡官印都相沿用。

章的作用與印相似，漢官印是印章並稱，而稱章的，地位更顯赫。傳世的有銅印「廣武將軍章」、封泥「御史大夫章」等。

記，印章的別稱。傳世的有唐代官印「大毛封記」、宋代「永定關稅新記」等。

由於印章的形製樣式不同，其名稱也各不相同。

1官印、私印。刻有官職名稱的印稱官印，其餘皆為私印。私印除刻姓名字型大小外，還有許多別的內容，如收藏、鑑賞等。

2朱文印、白文印。這是以文字的凸凹作為區分標誌。凡印面文字凸出的稱陽文印，凹入的

黃石螭龍（龍生九子）方印章

則稱陰文印。書畫界一般以印章蘸有朱砂印泥蓋在紙上，凡印文為紅的稱朱文印，白的稱白文印。

3依印章所取材料質地不同，印章分為金印、石印、牙印、木印。凡金屬印皆稱金印，有金、銀、銅、鐵等印。玉石印稱石印，有瑪瑙、翡翠、水晶、玉、田黃、雞血石、壽山石、青田石等印。現在瑪瑙、青田石等材料仍為人們廣泛使用，十分受青睞。牙印指動物的牙、骨、角製成的印，有象牙、牛角等印。木印則取質地細膩緻密的木材作印，如黃楊木、白桃木等。

20 中國璽印文字的發展情況如何？

在中國文學書法史上，璽印書體是獨特的一類。

漢代之前，璽印上所使用的文字書體與社會通行的文字同源合流。根據現存實物考察，戰國古璽的文字風格與當時青銅器銘文相一致，各諸侯國文字書寫上形成的不同特徵，也表現在各自印章中。

秦印文字採用小篆，呈現方正平實的趨勢。雖然印章藝術在秦代未能得到充分發展，但它卻成為漢印藝術得以崛起的發

北周「天元皇太后璽」金印

展基石。

在璽印發展史上，漢代是一個空前繁盛、成就最為輝煌的階段。漢代印人在印章文字書法、構圖、線條、形製等諸方面別出心裁，構成了漢印藝術博大精深的完整體系。不僅直接主導魏晉南北朝時期印章的基本風格，而且孕育了明清時代流派篆刻藝術的新高潮。漢印文字已明顯地具有自覺裝飾美化的傾向，筆畫飾從抽象、輪廓化的鳥、蟲、魚形，富有流動妍麗的美感。這種字體為篆刻藝術構圖的多樣化提供了理想的造型依據，因而至今仍是入印的主要字體。

信牌、印牌

在漢代，官印文字疊風漸盛，而至宋元時期，隸、楷字體開始登場。它們顯得雅趣可愛，為印壇吹入一股清新之風，打破了篆書「一統天下」的格局。明清的印文書體上注重以秦漢篆書為規範，並從藝術的立場出發加以個性化、多樣化的創造，因而直接導致了明清時期篆刻風格千峰競秀的局面。

21 如何認識文房四寶之一——筆？

毛筆在中國有著悠久的歷史。據史料記載，早在新石器時代，我們的祖先就已使用最原始的筆來給陶器紋繪了。傳說秦大將軍蒙恬發明毛筆，於是，秦漢兩代毛筆大量使用。

據梁同書《筆書》記載，做筆的材料有三十一種之多，包括兔毛、羊毛、鼠毛、狐毛、狼毛、貂毛、鴨毛等等。從性能上說可分成三類，即軟毫、硬毫和兼毫三種。

硬毫一般指狼毫筆，係以黃鼠狼尾巴上的毛作原料製成，也有用鼠鬚、小兔毛等硬性毛製成的。硬毫筆特點是剛健、彈性強。書寫時頓挫使轉，乾淨俐落，墨色分明。這種筆適合寫行草書，也適合寫字體小、勁挺嚴謹的書體。晉王羲之寫《蘭亭集序》時用的就是鼠鬚筆，可見寫勁挺而風格秀媚的書體宜用硬毫筆。但對初學者來說，為鍛鍊筆力不宜多用。

軟毫筆材料主要是各種羊毫。羊毫筆容易濡墨，寫出字來圓潤豐滿，適宜初學者鍛鍊筆力。用雞毛做的筆更加柔軟。

兼毫筆顧名思義指剛柔介乎以上兩種之間的筆。最常見的由山兔毛和羊毛合製而成。

毛筆根據鋒穎之長短，可分為「長鋒」、「中鋒」和「短鋒」。短鋒

清宣德　青花卷草紋筆桿

筆貯墨少，宜寫小楷，長鋒適於寫較大的行草書。

一般的生產廠家會在筆桿上註明「極品」、「精致」、「加料」等來區分等級。一支好的毛筆更具備尖、齊、圓、健四個條件，俗稱筆的「四德」。「尖」指筆鋒尖銳不禿；「齊」指手指捏扁筆頭之後頂端的毛要整齊而無參差不齊的現象；「圓」是說筆頭周圍飽滿呈圓錐狀；而「健」是指筆毛彈性好，鋪開後易於收攏。在挑選毛筆時還要注意筆頭正、筆桿圓直、毛色不老不嫩。晉唐以來最負盛名的毛筆產地是宣州溧水縣中山（今江蘇溧水、溧陽一帶）。

好的毛筆要善於保管和使用。新筆在使用前先要開筆，即將筆頭浸在溫水中脫去膠質，使筆頭自然地全部發開。書寫前先擠乾水，再蘸墨使用。這樣，筆含墨量最多，書寫時流暢圓潤。

不同大小的字要用不同型號的筆，否則不利筆墨的變化和發揮。寫榜書等大號字應用楂筆，依次下來有提筆、大楷筆、中楷筆和小楷筆，圭筆最小，適合寫小楷。

毛筆使用完後，要及時洗淨。清洗遺墨時要輕輕擠，不可猛抓筆毛。洗淨後先將水分輕輕擠掉，再從筆根到筆尖捋直，保持原狀。之後晾乾掛起或插入筆套。筆毛不能用開水浸泡，以免使筆毛彎曲而失去彈性，也不宜用肥皂等鹼性強的去污劑，否則會令筆毛失去脂質而易折斷。

22 如何認識文房四寶之二——墨？

墨是以礦物製成的顏料，上等的墨水可以在書寫數千年之後仍保持墨色。因配料、用膠的不同，可分為松煙墨、油煙墨和選煙墨三種。一般習字都可使用墨汁，像「一得閣墨汁」品質就很好。只有比較講究的作品才用磨墨。

磨墨是十分講究的。首先，要用清水，不可用茶水。磨墨時墨錠兩側的手指力量要均衡，徐緩平磨，否則會使墨錠四面不平。一次研磨墨液的多少應根據書寫需要，因為遺墨是不宜使用的。加水也不可一次放太多，否則磨時易濺出硯池。用過的墨錠要用紙擦乾保存，以防碎裂。硯臺在用完後也要清洗。

使用墨汁也不要一次倒太多，因為加上清水後，墨汁會失去防腐性而發臭長蟲。

墨色有濃淡乾濕之分。古代大多數書法家偏好濃墨，如宋代蘇軾。濃墨書寫，易造成溫潤深厚的藝術效果，字特別有精神。濃墨的效果蒼勁古樸。淡墨習字，則清逸淡泊，宋米芾和明董其昌就喜愛使用淡墨。對普通習字者來說，可根據個人偏愛和字體特點選擇合適的墨色。一般來講，寫大字墨濃，小字墨淡；硬毫筆墨濃，軟毫墨淡；楷書墨濃，行草則墨淡。

23 如何認識文房四寶之三——紙？

文字的載體經歷了由甲骨到竹簡木牘，再到縑帛，最後至紙的過程。最早的紙是西漢時期發明的，那時紙以棉花作原料，還是很昂貴的。直到東漢和帝時，蔡倫改進造紙術，才改用樹皮、破布等作原料。這些原料來源廣，價格也便宜，紙才得以廣泛使用。

魏晉南北朝時期，紙張的生產技藝大大提高。河北盛產五色花紙，南部浙江一帶大量生產藤紙、麻紙，為書法用紙提供了雄厚的物料來源。西元八世紀，造紙術傳往西方。明代則開始製造專門適合書畫用的宣紙。

宣紙原產於安徽宣城一帶，其主要原料是松樹皮。由於纖維長、拉力強，故加工後質地綿韌，潔白細密，著墨程度強。上等宣紙，墨乾以後將紙浸入水中墨能保持不化，且保存時間很長，不易發脆斷裂。因此，宣紙被稱為「紙中之王」，有「瑩潤如玉」、「冰翼如霜」之譽。

用宣紙進行創作時須注意用墨的量。如果下筆後水化得很快，要迅速用吸水的廢紙壓蓋上去，以免墨水繼續化。平時書寫練習最好用廉價又能吸水的普通紙，如毛竹製成的毛邊紙、稻草製成的元書紙等。

24 如何認識文房四寶之四——硯？

硯俗稱硯臺，是習書者用以磨墨的工具。根據原料不同有石硯、陶硯、玉硯之分。其中最廣泛使用的當屬石硯。

對普通練習者來說，只要硯臺石質堅細又能發墨就好。因為石質細，磨出墨來也細，不損害筆毛。最著名的石硯即端硯和歙硯，就是因為質地堅而細，又能發墨，因而享有盛譽。

其他的原料如陶硯太粗，玉硯太光，都不實用，但是由於造型與雕花使之具有獨特價值，為收藏家所喜愛。硯的原料中帶有其他透明或不透明的色塊，稱「眼」，匠工根據眼的大小和色澤，加上各式美觀的裝飾雕刻，使之成為精美的藝術品，如「歙州羅紋硯」等。

硯臺的保養是很講究的。磨墨前要用清水洗去塵埃，磨墨要用大圈，以防磨出小坑。每次使用完硯臺後要清淨晾乾，不能暴曬或用紙擦乾。

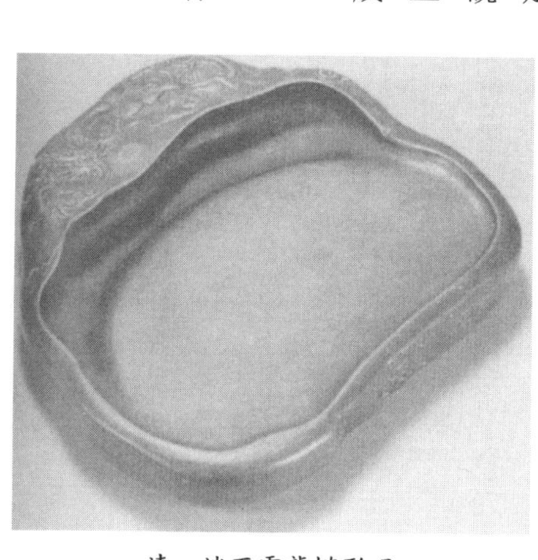

清　端石雲龍橢形硯

25 楚漢帛畫情況如何？

現今存在最早的帛畫出現於戰國，到漢代有了更進一步的發展。中國現已出土的有十幾幅，其中最為著名的是《人物龍鳳圖》、《人物御龍圖》和馬王堆一號漢墓帛畫。

前兩幅作品都出土於湖南長沙市的楚墓。《人物龍鳳圖》長二十八公分，寬二十公分。畫面為一寬袖長裙、合掌側立的楚國貴族婦女，其前上方各有一龍一鳳。大致表現的是女子的靈魂在有神異力量的龍鳳的引導下，緩緩升往仙境的情景。而《人物御龍圖》大小與前者相仿，主題也相似，只是淺紋飄動顯得更富有變化。

相對於以上兩幅，馬王堆一號漢墓出土的帛畫則顯得更加豐富多彩、琳琅滿目了。首先，顏色上突破了灰白的單調搭配，以紅褐為主，青、粉等豐富色彩錯落其間，產生華麗的效果，畫中人物仙物、場景布景效果比楚墓的都要複雜得多。這一時期的帛畫將複雜的個體形象統一於整體布局，既靈活

西漢馬王堆一號漢墓帛畫

舒朗，又嚴謹對稱，堪稱古畫中的精品。

26 中國的佛教繪畫基本情況是怎樣的？

中國的宗教歷史十分漫長，而以信奉佛教為主。西漢時期，隨著佛教傳入中國，佛教藝術同時也被引入。

漢明帝時派人去天竺取經，同時帶來了釋迦像。至東漢時，佛教畫廣泛地傳入中國，但最盛還是在魏晉以至唐代。統治階級對佛教的提倡導致了寺廟、僧侶激增。有佛寺就必有佛教藝術。佛教又叫像教，佛寺中必有佛的塑像或畫像。北魏《洛陽伽藍記》一書，不僅記載當時佛寺之盛，佛像及佛畫之多，亦記佛畫「雲氣畫彩」、「輝赫麗華」之狀。

佛教傳入中國之前，中國繪畫沒有什麼主流。而從西漢至唐代這千餘年間，佛教繪畫則一直佔中國畫壇的統治地位。有人說唐朝以前的繪畫是為佛教服務的，這毫不為過。

27 人物畫家顧愷之創作上有什麼獨到之處？

晉代畫家顧愷之在中國美術史上是最早以繪畫為職業的文人畫家。他擅長描繪人物，其作品

《女史箴圖》、《洛神賦圖》乃傳世名作，歷來為學畫者競相描摹。

顧愷之畫人物，有其獨到之處。

首先，注意抓神態，對眼睛的描畫格外注重。其次，注意抓特徵，特別是以細節表現人物個性。此外，他還擅長以背景烘托人物。

在人物創作中，顧愷之最大的貢獻便是「以形寫神」的理論。他認為畫用形來傳神，如果人物雙目前視卻沒有目標，形與神相背離，則傳神的趨勢就失掉了。有了目標，眼神與目標對不正也不行。唯有領悟到「對」之真諦才能更好把握對象之神，使肖像鮮明動人。

身為一名職業畫家，顧愷之在中國繪畫史上佔有特殊的地位。在他之前的傳統觀念認為繪畫是工匠的職業，為美化環境之用，被視作雕蟲小技。而顧愷之不僅以繪畫為職業，而且取得了巨大成功，博得了統治者的稱讚和社會的崇敬。這大大改變了人們的傳統觀念，提高了繪畫的身價。

《洛神賦》圖卷（局部）

28 閻立本的人物畫有什麼特點？

生活在初唐至「貞觀之治」時期的畫家閻立本是一位著名的人物畫家。

閻立本人物畫的突出特色，首先是具有強烈的現實性和政治意義。他的作品多取材於當時具有歷史意義的重大事件，側重描繪著名歷史人物，用以警示後人，弘揚治國安邦之大業。他曾為唐太宗畫像，在凌煙閣畫過四功臣像等。這與同代其他人物畫家主要服務於宗教的繪畫傾向有明顯區別。

此外，閻立本的線描風格穩重堅實，設色較前代更趨於濃重精細，有時還使用金銀作顏料。如果說兩晉人物畫已由漢代的簡樸、稚拙發展為「跡簡意淡而雅正」，那麼閻立本則是在此基礎上，又將中國繪畫向盛唐的「煥爛而求備」推進了一步。他是一個承上啟下的畫家。

據畫史記載，閻立本的作品有六、七十件之多，其中

閻立本《步輦圖》

最具代表性的是《步輦圖》與《歷代帝王圖》。

《步輦圖》又名《唐太宗步輦圖》，後人臨本現藏北京故宮博物院，取材於貞觀十五年（西元六四一年）唐太宗嫁文成公主於吐蕃王松贊干布的歷史事件。畫中描繪了唐太宗坐在步輦上接見松贊干布派來迎親的使者祿東贊的場面。此畫如實地再現了這個藏漢民族血肉相連的歷史鏡頭，不僅有很高的藝術價值，亦有高度的歷史價值。

《歷代帝王圖》為絹本，現存美國波士頓美術館。畫的是古代的十三個帝王。其中有劉秀、曹丕、司馬炎、楊堅這樣的開國明君，也有陳叔寶、楊廣這種昏君；有崇尚佛道之帝，也有毀滅佛法之皇。作者之所以選擇這十三個帝王，就是要「以堯舜之容，桀紂之像，各有善惡之狀，興廢之戒焉」，帶有明顯的鑒誡教訓的目的。

29 吳道子何以被稱為「畫聖」？

與顧愷之齊名的另一位唐代畫家吳道子，生活在稍晚的開元、天寶年間。這一歷史時期，中國的封建社會處於鼎盛時期，而吳道子在去世後，不到一百年就被同代人尊為「畫聖」。

吳道子的人物畫技藝是超乎前人之上的。他借鑒前人技法，把中國畫運用線條的方法發揮到了更高的境界。這主要體現在他突破了前人「密體」的繪線傳統，而創造出一種「時見缺落」的

「疏體」。其特點是筆勢磊落、圓轉多變，看似用筆不同，實則是筆簡意全。

吳道子的代表作《天王送子圖》就很好地體現了「疏體」之特徵。畫面上無環境的陪襯，那人物服飾的線條勾勒，有輕重、粗細、快慢之變化，造成衣袂飄帶如被風吹拂而飛揚，即有名的「吳帶當風」特色。同時，以線條白描出來的飄帶飛揚，在人物之間與畫面之間起了相聯繫照應的紐帶作用，可見吳的線條運用，寄寓著作者自身的個性特徵與對象的表情、神采，達到飄逸、絕美、窮極造化的境界。

吳道子

作為一名畫家，吳道子的作品以宗教人物畫為主，同時也是中國山水畫之祖師。他創造了筆間意遠的山水「疏體」，使得山水成為獨立畫種，從而結束了山水只作為人物畫背景的附庸地位。

應唐玄宗之詔，他在大同殿作大幅壁畫，只一日就畫成三百里茅陵江山水的旖旎風光，具有磅礴氣勢與陽剛之美。吳道子大寫意山水的藝術效果甚至被人傳為神話，傳說其所畫之水每當夜深人靜之際即發出潺潺的流水聲。這是吳道子深刻觀察與高超技法相結合的神奇藝術結晶。

總之，吳道子被譽為「畫聖」是理所當然的，正如蘇軾所言，「畫至吳道子，古今之變，天下之能事畢矣」。吳畫能「出新意於法度之中，寄妙理於豪放之外」，鮮明地區別於前代任何一位畫家，千百年來為畫家所讚賞和效法。

30 王維的水墨山水畫成就如何？

王維，字摩詰，是唐代一位罕見的多才多藝的藝術家。作為一位著名的山水詩人，王維同時又是一位出色的畫家。從他的畫中，人們可以體會到「明月松間照，清泉石上流」的清新美感，正所謂「詩中有畫，畫中有詩」。他以富有獨創性的水墨山水畫奠定了在中國繪畫史上的不朽地位。

「畫中有詩」，這是王維繪畫的突出特徵之一。蘇軾在《答摩詰藍田煙雨圖》中這般論述：「味摩詰之詩，詩中有畫；觀摩詰之畫，畫中有詩。」詩人兼畫家的不凡氣質，使他無論賦詩繪畫，都能突出

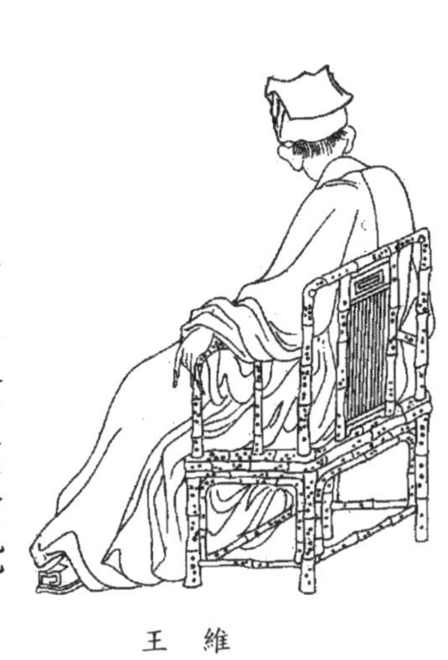

王　維

地體現詩情畫意。由於他將詩的意境熔鑄在繪畫之中，山水畫就特別富有詩意，因而能在畫壇獨樹一幟。

「意在筆先」，則是他繪畫的另一重要特色。王維在《山水論》中提出，作者在創作之前，創作意圖應早已在胸中孕育著，而作品不過是「意」的再現。這不僅指繪畫，在其他領域的創作中也是非常有借鑒價值的。

從表現技法上看，王維開創的以水墨的濃淡渲染山水的技法，獨具神韻。渲染法與著色的畫法有別，從而形成樸素淡遠、韻味十足的風格，給中國畫注入新的生命力。王維之後，水墨畫逐漸興盛，自成一派。

令人遺憾的是，王維之畫流傳下來的只有《江山瑞雪圖》等寥寥數幅。那種飄逸脫俗的境界，只能到他的詩中去揣摩了。

31 敦煌彩塑的藝術成就怎樣？

中國的雕塑藝術具有悠久的歷史和優秀的民族傳統，而其中以敦煌莫高窟的彩塑最具代表性。

莫高窟

飛天壁畫（摹本）

據唐代碑記，敦煌莫高窟創建於前秦建元二年（西元三六六年），現存最早洞窟的開鑿時間相當於北魏，以後又經歷了西魏、北周、隋、唐、五代、北宋、西夏、元、清等朝代，上下一千五百餘年，保存著歷代塑像三千餘座。這些彩繪塑像不僅數量多，延續時間長，而且塑繪技術很高，保存完好，堪稱世界文化寶庫中一宗燦爛的瑰寶。

敦煌莫高窟是建築、彩塑、壁畫三者相結合的統一體，主體是彩塑。歷代統治者不惜耗費大量人力、物力，投入於敦煌彩塑，目的就是想通過這些藝術形象來傳播佛教思想。早期他們大造彌勒像、苦修像，要人們「忍辱」，寄希望於「來世」；中期則大造阿彌陀佛、釋迦牟尼佛等「聖眾」群像，宣揚西方極樂思想。統治者們企圖借提倡宗教來實現維護封建統治的目的。

拋開這一消極因素不談，敦煌彩塑藝術作為古代民間匠師的卓越創造，體現著勞動人民智慧的光芒。

敦煌石窟開鑿在礫岩上，不能雕刻。古代工匠以捏、塑、貼、壓、削、刻等傳統泥塑技法，塑出簡潔明快的形體，然後用點、染、刷、塗、描等繪畫技法賦彩、潤飾皮膚，畫出細節，體現質感。

早期的塑像和龕、壁結合為一體。佛作為圓雕塑像在龕內居中。侍從菩薩、弟子列置在龕內外，身軀緊貼牆面，為高浮雕，頭部多為模製加工後安裝在身體上的。飛天、供養菩薩等附屬人物都是影塑。其他內容用壁畫來表現。在一座塑像上，除頭部、身軀外，圓光、冠帶、披巾等都續之以壁畫。在一個有限的空間裡，既要突出主體人物，又要表現「天國」聖眾，按人物的不同身份採用不同的表現形式，使其主題突出而又統一和諧。

伎樂飛天（西魏）

到了唐代，塑像多在大型龕中或須彌壇上，離開了牆壁，這顯得更具立體感。塑像的造型、賦色都與四周壁畫統一協調，輝映之下，相得益彰。在金碧輝煌的色彩中，襯托出塑像在窟中的主體地位。在色彩處理上，菩薩像塗白色，表現皮膚潔白瑩潤。弟子、天王肉紅色，同時以濃墨點睛，朱紅塗唇，青綠染衣飾，鮮豔華麗，這種色彩上的誇張有助於性格的體現。

在彩塑的造型和賦彩上，當時普遍運用了「誇飾」手法。以菩薩像為例，長眉入鬢，嘴角深陷，項下加三級，加長手指，等等。看似違反生理現象，但實際不僅無損於形象的真實性，反而更好地表現了眉目娟秀、面頰豐潤、手指纖巧等女性的特徵，增強了形象的典型性和藝術魅力。

宗教神像的人物屈指可數，其創造容易流於公式化。但古代的能工巧匠經過苦心經營，塑造了豐富多樣、神采如生的藝術形象。到了後期，他們更大膽地引入宮姬、「梵僧」等現實生活為藍本，塑造出富有社會生活氣息的宗教人物形象。這些彩塑作品在我國雕塑史上是一批寶貴的資料，在我國藝術寶庫中閃爍著璀璨的光輝。

32 仕女畫的歷史發展情況是怎樣的？

仕女畫又稱「士女畫」，是中國人物繪畫重要的一科。「仕女」一詞，唐代及唐之前專指帝王后妃夫人一類的婦女，宋代以後泛指一般的佳人美女，而不局限於貴婦。從現存的歷代仕女畫中，我們看到它描繪的對象及於村姑、漁婦、歌妓、丫鬟等各類女性。

中國以婦女為繪畫對象，很早就有了。《說苑》記載戰國時齊國的敬君自畫其妻，《漢書》裡記載的王昭君和毛延壽的故事盡人皆知。可惜這些畫家的作品沒能保存下來。

《仕女圖》

現存最早有實物可據的仕女圖首推長沙楚墓出土的帛畫《龍鳳仕女圖》，它對人物的刻畫較粗略，由此可推知戰國時期繪畫上承商周及更早的彩陶文化的粗獷氣息。而正式的能代表仕女的優美嫻雅姿態的繪畫，首推晉代顧愷之的《女史箴圖》、《列女仕智圖》、《洛神賦圖》。這些才是筆法純熟、造型嚴謹、上繼秦漢、下開唐宋的傑作。而到了唐代，仕女形象大多豐滿雍容。在「唐尚新題」

《仕女圖》

的風氣下，這一時期的仕女畫比較詳實地記錄了各個階層婦女的生活風貌，一反前代那種專為封建道德說教的題材，令人耳目一新。五代至宋元時期由於山水畫的發展，仕女畫曾一度中落，至明清才復興。又是由於歷朝審美觀點的不同，仕女畫不再以唐畫的豐肌厚體為美，而代之以纖細瘦削、體態嬌柔、「弱不禁風」的病態美人了。

33 唐朝《歷代名畫記》有什麼理論見解？

唐朝是中國繪畫發展史上的繁榮時期，有關繪畫的著述也較前代為多。其中，以張彥遠的

《歷代名畫記》篇幅最巨，影響也最大。《歷代名畫記》是中國古代第一部系統的繪畫史著作，內容論及繪畫的源流、興廢、技法、鑒賞、收藏和裝裱等，十分豐富，具有較高的理論價值。

首先，《歷代名畫記》繼承了謝赫的「六法」理論，並對之作了進一步的探討和發揮。張彥遠著重闡述了「形似」與「骨氣」間的辯證關係，認為形似是手段，氣韻生動才是目的。

其次，《歷代名畫記》最早提出了「書畫同體」的思想。張彥遠認為，元書中的象形就有繪畫之意。「書畫同體」最主要的還是在於書、畫二者筆法相通。他舉例說：張僧繇得筆法於衛夫人的「筆陣圖」，吳道子曾向張旭學習書法，將其狂草的筆法用於繪畫，所畫「虬鬚雲鬢」，皆能「數尺飛動」，筆力雄健。「書畫同體」無論對中國繪畫理論還是創作實踐，都具有極其重要的指導意義。

除此之外，《歷代名畫記》在對畫家的評價和對繪畫的鑒賞品評方面也頗多真知灼見。張彥遠將畫分為五品：「自然者，為上品之上；神者，為上品之中；妙者，為上品之下；精者，為中品之上；謹而細者，為中品之中。」將「自然」列為繪畫的最高品，顯然是受到道家思想之啟發。

34 徐渭的寫意花鳥畫有何特色？

明代的寫意花鳥畫，在風格與技法上，較前代有所提高，迎來一個百花齊放的時代高潮。而徐渭就是明代花鳥畫壇的一朵奇葩。

徐渭，字文長，號天池，浙江山陰（今紹興）人。他以水墨大寫意作花卉，激情奔放，墨氣淋漓。所謂「無法中有法」、「雜而不亂」等寫意畫的特點，在他揮寫的花卉草木中得到了充分的體現。

徐渭平素比較狂放，從不取媚權貴。這種剛直不阿的品質，在他的畫中常常得到體現。徐渭書法的造詣也很高，常以狂草的筆姿畫葡萄、紫藤。他的名作《葡萄圖》，大刀闊斧，跌宕縱橫，沒有相當的書法功力是難以做到的。

總之，融個人的性格品質、藝術修養，以至思想道德為一體，不拘泥成法，敢於自創新格。這種大寫意的文人畫風格，經徐渭之手變得愈加成熟了。此後，凡具有這種畫風的畫家，如朱耷、石濤、鄭板橋、吳昌碩、齊白石等人，均深受他的影

徐　渭

響，徐渭開創了這一寫意畫風的新面貌。

35 五代至北宋的山水畫家有哪些？

中國山水畫的發展在五代時達到了鼎盛。其間的代表人物有荊浩、關同、董源和巨然。

荊浩、關同都是五代初期居住在中原的山水畫家。他們的作品突出地表現了中原山水高古雄渾的氣勢。二人創立的奇峰峻起、俯瞰澗谷的格式，以及山水畫技法上對質的堅實和空間的深遠的追求，長期影響著中國山水畫的面貌。

荊浩博通經史。在技法方面，他的貢獻在於使水墨成為山水畫的基本表現手段，將線描與水墨結合起來。這大大突破了前人勾勒填色、勾框染墨技法的模式，將山水畫的筆墨推向新的境地。荊浩的代表作《匡廬圖》，描繪高聳入雲的山峰，在高峻的山峰下面，有蒼老的喬木、蜿蜒的山徑、高垂的流泉和細小的人物。畫面以山岩間跌落的瀑布、頎長挺立的樹幹，以及豎長的畫幅，造成「高山仰止」之效。這種北方山岳特有的雄渾氣象，源自於生活帶給作者的靈感。因為荊浩久居太行山一帶，那巍巍的山峰對他的藝術必然發生影響。

荊浩的學生關同筆法也以遒勁見長，且被後代人認為成就超過其師。關同喜歡壯麗蕭瑟的關河景象。在他之前的隋唐畫家使山野景物鮮麗、熱鬧，而在他的作品中，人的活動日漸融入幽深、靜穆的山林。各自獨立的山岩、樹木、流雲、水波，在關同筆下逐漸融為一個整體，引導觀看者進入遠離塵囂的自然之中。這是關同作畫「深遠古淡」的一個方面。相比之下，荊浩作品中那排排挺立的山峰，顯得不夠自然，缺乏空間深度。後代有人認為，關同這種簡略概括的筆法風格，對兩宋山水畫影響之深，甚至超過了其師荊浩。

五代之後，中國文化重心逐漸南移。北宋初年生活在江南的山水畫家董源、巨然，開創了與「荊關山水」一派北方山水風格迴異的「江南畫派」，畫史上稱為「董巨山水」。

董源的水墨山水師承王維，力求描畫江南山巒多泥披草、植被茂密的景觀。他善用層次濃淡的墨色，表現峰巒湖泊在風雨晦明中的變化，因此，他的畫呈現一派樹石幽潤、峰巒清潊的氣象。他的作品多為長卷，故擅作長山覆嶺，溪流縈迴，雲氣迷濛之景，中間點綴人物漁舟與亭閣，有一種恬淡幽美的詩情畫意，令人觀之如置身江南風景而陶醉其中。

巨然的風格與董源相似，且輔之以北方山岳峭拔而深厚的質感。

「董巨」一派以恬淡的筆墨塑造出平淡清遠、超乎塵世的氣象，生動自然地表現了江南湖光山色的特有韻致，歷來享有極高評價。米芾稱董源之作「近世神品，格高天與比」。對後世的影響，董巨又甚於荊關。

當然，在今天看來，董巨以表現悠閒恬淡的意境和善於抒情見長，荊關則以雄渾瑰麗的氣勢引人注目，他們都是山水畫史上彪炳千古的人物。

此外，北宋初年的李成、范寬亦是傑出的山水畫家，在畫史上與關同並稱為「北宋三家山水」。

36 文人畫的代表人物蘇軾有何獨創？

文人畫興起於北宋。這種畫的作者一般不是畫工和宮廷畫院的畫家，而是士大夫。他們跳出傳統的桎梏，不像以往的畫家那樣僅為帝王和宗教的需要而作畫。這就形成了一股文人畫的潮流，大文豪蘇軾就是這股潮流的代表人物。

蘇軾自認屬於「湖州畫派」，他在許多方面繼承了較前時期文人畫家文同的風格，並將其發揚光大。

蘇軾作畫，反對「形似」，講求神韻，他在創作實踐中遵循了這一原則。他作竹時從地上直升至頂，中不分節。米芾問他何以如此，他說「竹生時何嘗逐節生」。這是區別蘇軾畫竹與其他畫家的一大特色。

蘇軾的創作態度豪放不羈，他除擅長畫竹外，還喜畫枯木寒林。他還擅長畫佛，筆法可謂妙冠天下。

總之，北宋文人畫使繪畫文學化達到高潮，在中國繪畫史上影響深遠。作為這一運動的發起者和中堅力量，蘇軾在畫壇上影響至深，給後代文人樹立了楷模。

37「米氏雲山」的繪畫風格是什麼？

宋代的米芾、米友仁父子，世稱大米和小米，他們父子倆對於中國山水畫的貢獻，在於開創了被後世稱為「米氏雲山」的嶄新畫格，從而極大地豐富了山水畫的表現手法和藝術境界。

米芾極欣賞南唐畫家董源的山水作品，稱讚他「峰巒出沒，雲霧顯晦，不裝巧趣，皆得天真」。米芾之所以喜歡江南霧翳雲蒸的山水景致，與他的生活經歷有關。他曾遊宦長沙，熟諳瀟湘雲煙迷濛之景；後定居鎮江，又可常見雲氣瀰漫、林樹隱現的奇觀。正由於他對傳統繪畫藝術有高超的辨識能力，對於真景山水又有著深切的體驗，同時又有一支善書之筆，所以才能獨出心裁地創造了煙雲變幻、霧氣空濛的「米氏雲山」畫法。

可惜大米的山水真跡早已湮沒不存，如今我們只能根據存世的小米真跡和後人的著述去領略「米氏雲山」的風貌了。這種風貌可以說是北宋時代提倡抒情寫意的繪畫思潮的產物，與當時文同、蘇軾倡導的「抒胸寫意」的文人畫思想相合拍。雖然在題材上「米氏雲山」仍有其局限性，但在整個中國山水畫的畫貌中卻是獨標一格，對元明清乃至近現代山水畫都有深遠的影響。

38 張擇端的名作《清明上河圖》是怎樣一幅畫？

《清明上河圖》是北宋末年畫院待詔張擇端所繪。它是中國繪畫史上的瑰寶，是舉世聞名的風俗畫傑作。

《清明上河圖》長卷描繪了北宋都城汴京，即河南開封，特別是汴河一角水陸碼頭的繁華景象。全圖約分為三大段。開端一段畫的是城郊景色：一隊毛驢在小道上得得行進，過了小橋，疏林中掩映著三五農家，接著是村口、官道、汴水河。中段是全圖最精彩的地方，汴河中間架著一座規模宏偉的木質拱橋，宛如飛虹，溝通南北，兩岸店肆林立，橋上攤販眾多，車水馬龍。而河中一艘巨舟正在逆流而上，船工們一個個使氣用力：拉縴的、撐篙的、掌舵的無一不全神貫注，在與激流搏鬥著；在橋頂上有鼓勁的，他們與船工們的緊張神情匯合成一體。畫家的生花妙筆刻畫了船工們這一驚心動魄的勞動場面，從船工們張開的嘴巴裡，彷彿能聽到他們吆喝的號子聲。這一段是全圖的最高潮。末段繪的是城區繁華景象。這裡以高大城樓為中心，一隊駱駝馱著貨物正慢慢走出城門。街道平坦寬廣，各行各業的店鋪排列

《清明上河圖》

齊整，買賣興隆。城區內外行人摩肩接踵，有官吏士紳、乞丐苦力，還有說書賣藝之流、車馬轎夫之輩，各色人等，一應俱全。

畫家體察入微，勾勒出了十二世紀我國都市生活的諸多情況。此畫跳出古代繪畫取材的局限性，對貴族階層的描繪只佔很小的比例，而以絕大篇幅描繪了普通市民的生活百態。該圖對小販勞工，尤其是船工們勞動場面的描繪，具體呈現了古代勞動人民的生產、生活現象。這對於我們研究古代人民的生活史，無疑是極為重要的形象資料。

關於《清明上河圖》的命名問題，看法不一。比較可信的說法是：這個命名含有「承平」、「太平」之意，封建社會常用其以稱頌「太平盛世」。本圖內容為帝京內外繁華的景象，並呈獻皇帝御覽，其美化「盛世」的含義也就不難理解了。

39 書法家趙孟頫的繪畫成就有哪些？

趙孟頫是北宋開朝皇帝趙匡胤的十一世孫。他推崇簡約的書畫風格，實為開創元代書畫時代新風的領袖人物。

在繪畫方面，他開創了元代簡率、尚意、以書入畫的新風尚，使文人畫走向全面成熟，堪稱集大成的一位人物。

首先，在創作心態上，趙孟頫作畫顯得輕鬆自如。不像他之前的宋代畫家那樣始終如視勁敵，不敢有絲毫疏忽。因此，他的繪畫形象簡練概括，很少細節描繪，注重整體氣勢。

第二、作為文人畫的集大成者，他強調以書入畫。作為一代書法大家，趙孟頫用不同筆法表現不同景物，比如石以飛白筆勾勒，竹以八分，而水用篆體。他所獨創的荷葉皴，豐富了山水畫的表現技法。

第三、提倡古意。這裡的「古」有點類似韓愈倡導的「古文運動」，乃是托古改制的古，也就是以古為門面而創造新意。趙孟頫的古是與工對意的，工指南宋以來院畫家工細的繪畫風格，即「用筆纖細，傅色濃豔」的畫格。趙體畫形式上工細，而在工細中見簡率。在元代，這種簡率的繪畫風格被充分地發揚光大。

40 元代梅竹畫有哪些名家？

元代山水花鳥畫得到迅速發展，而以梅、蘭、竹、菊「四君子」為繪畫題材的畫者也很多，一時名家層出不窮。

畫梅名家中，以王冕為代表，還有陳立善、吳大素等人。

王冕畫梅，用意深遠，他為《墨梅圖》作詩言：「不要人誇顏色好，只留清氣滿乾坤。」他現存作品《墨梅圖》、《梅花卷》等用筆精煉，墨色清淡明淨，尤其勾花點蕊，在不經意之間完成，極其自然。

他的白梅畫不用著色，多用飛白手法，而畫紅梅以「胭脂作沒骨體」，用朱色點畫，極受時人喜愛。今人仍沿用王冕所創的畫梅方法。

陳立善與王冕齊名，他的《梅竹水仙圖》極清雅，現存北京故宮。而吳大素有《松齋梅譜》十五卷，亦為珍品。因為當時梅為士大夫階層入時的題材，因此諸家都用盡心力把書法運用到畫梅上，為後人留下許多傳世之作。

王　冕

到了元末明初，畫竹之風又興起。《宣和畫譜》分畫為十門，「墨竹」被列之一門，可見其受重視之程度。根據學畫者的需要，有人編製竹譜，也就是畫竹的課本。當時畫竹代表人物有趙孟頫之妻官道升、李衎等。後人稱墨竹為文人畫，它的影響十分深遠。

41 敦煌莫高窟壁畫有什麼藝術特色？

敦煌莫高窟的壁畫堪稱中華民族藝術寶庫中最為燦爛的一顆明珠。在世界美術史上，也是驚人的偉蹟，享有崇高的地位。

早期的莫高窟壁畫的題材多為佛教故事，也有現實場面，如耕地、交戰等，此外還有流傳的神話題材，如伏羲、女媧等。這些中國傳統題材與印度傳來的神話如修羅王等交織在一起，表明早期佛教壁畫與道、儒思想的融合。

這一時期的作品在形象塑造上還不太成熟，流露出一股稚氣，這體現了與漢代繪畫的一脈相承。人物塑造不注重面部表情，而強調對動態的描繪；在藝術上多採取連續作畫形式，富於傳奇性和文學性；情節起伏跌宕，引人入勝。

進入唐代以後，隨著文化藝術進入全面繁榮時期，敦煌的石窟創作也出現了高潮。

唐代佛教典籍經過大量翻譯和廣泛流行，大量的佛經內容變為圖像。這一時期「經變畫」的規模十分宏

諸天神像壁畫

偉。一進洞窟，除塑像外，其餘三壁幾乎都是巨幅繪畫，人物眾多，色彩絢爛華麗。這種通壁大畫的出現，是唐代敦煌壁畫的重要特色。

這一時期壁畫題材更為寬泛，從西方極樂世界的富麗壯觀場面，到人世生活情狀，從顏貌豐腴的中原人物到骨格清奇的吐蕃貴族。「經變畫」中有大量的歌舞畫面，舞態裊娜，配合華麗的樓閣亭臺、虹橋迴廊，不僅給人以一派繁華升平的佛國氣象，還反映了現實的大唐帝國融會中外文化綻出的藝術異彩。

在唐壁畫中，裝飾圖案也是不可或缺的組成部分。無論裝飾龕楣、佛壇，還是整個天花板上的藻井，所繪龍鳳龜蛇、獅象花樹，以及雲氣水紋，無不栩栩如生。有的周圍還飾以不同情態的飛天，更顯流動活潑。

飛天是唐壁畫引人注目的一方面，她總是配合佛陀說法而出現，有的飛翔，有的騰躍，有的揚手散花，有的互相顧盼，給人以遨遊太空的歡樂景象。飛天，已成為舉世聞名的敦煌壁畫的標誌。

唐代敦煌壁畫一派繁榮，此後則每況愈下。到明清已成空白。晚清敦煌寶藏被西方侵略者大肆盜買，造成了這一民族藝術瑰寶的大量外流與毀損，成為中國藝術史上一大遺憾。

42 畫壇「明四家」成就如何？

在明代，蘇州成為全國絲織手工業的中心，在經濟、文化上成為最富裕繁榮的城市之一，文人藝士更是薈萃於此。後人把當時活躍於這一帶的四位畫家沈周、文徵明、唐寅和仇英合稱為「明四家」。

明四家以沈周為首，他們一生大部分活動在蘇州一帶，因此後人又把他們稱為「吳門四大家」，他們乃是「吳門畫派」的創始人和代表性畫家。蘇州地處太湖三角洲，山巒秀潤，為歷來文人墨客流連歌詠之地。江南水鄉優美的自然環境陶冶了「明四家」的畫風，使之具有清新、淡雅的共同格調，而較之元代畫家，則更多一些剛健的氣息。

沈周在傳統山水畫上功力甚深，早年學元代王蒙繁密樸茂的畫法，所作《廬山高圖》（今藏臺灣故宮博物院）可謂得其神髓。他自己本色之畫，用筆剛勁老健，多用中鋒，樹法剛直謹嚴，筆筆用力，用墨濃中見淡，濕中帶乾，顯得骨肉

唐寅

婷勻，異常蒼潤。文徵明從師沈周，深受沈周簡樸渾厚畫風的影響。唐寅人稱江南第一風流才子，還有「六如居士」、桃花庵主等別號。他的山水畫以清勁細長的線條為主，筆墨秀潤縝密而有韻致，傳世作品有《秋風紈扇圖》，現藏上海博物館。仇英的作品以青綠山水畫成就最為突出，作有《蓮溪漁隱圖》，現存北京故宮。

明四家不僅以山水畫見長，也擅長人物和花卉。他們的藝術成就引人矚目，因而從學者群起，流風所趨，形成了「吳門畫派」，籠罩了明清兩朝的畫壇。

43 清代任伯年在肖像畫上有何成就？

明清之際，山水、花鳥畫佔領導地位，人物畫相對衰落，但肖像畫卻有較高成就。「海上畫派」中「四任」之一任伯年便為傑出的肖像畫家。

任伯年本名任頤，伯年是他的字。他從小即由父親傳授肖像畫法，民間繪畫創作思想及方法哺育了他，也為他的肖像畫作品留下了明顯的民間畫像傳統的影響。同時，他又是接觸西畫、融合中西畫技法的積極實行者。他曾學過素描，還畫過人體模特兒的寫生，這在晚清畫壇上是絕無僅有的。他的肖像畫，筆墨不多而神情畢現。他的出身與社會地位，使他對當時社會下層民眾的貧困生活比較了解。他的不少畫，反映了畫家對民間疾苦的同情，也流露出了憂國憂民的思緒。

如《送炭圖》、《蘇武牧羊》等。他曾多次重覆畫過《故土難忘》，畫的是戰馬一匹，征夫一人，頭帶盔，腰佩刀，雙手扶地，雙膝下跪，作跪拜天地狀。這些藝術形象以滿腔悲憤和憂傷感動著觀賞者，展現了時代風貌。

徐悲鴻稱譽任伯年為「仇十洲以後，中國畫家第一人」。他的《觀劍圖》軸、《天竹雉雞圖》、《玩鳥圖》冊等作品，現存各地博物館。

44 什麼是指畫？

指畫，又稱指頭畫、指墨畫。畫家作畫時用手指頭、指甲蘸水墨或顏料，在紙絹上勾畫，或以手掌抹擦，以成圖像。它是中國傳統繪畫中以指代筆作畫的特種繪畫形式。

指畫在以指作畫時，通常指頭、指甲並施。用指主要用食指，次為大指和中指，以配合作粗細線條。中指和無名指適用於大潑墨之塗抹。用這種方法作畫，具有渾厚樸拙、變化無窮之妙。如畫人物之鬚髮或衣褶之類的細線時，運用較尖的指甲勾勒，可以達到細入毫髮、隨意飛動的藝術效果。同時，指頭和指甲蓄水有限，且流速又快，需要不間斷地蘸水。所以長線多由短線接成，往往出現似斷非斷的情形，頗耐人玩味。與毛筆相比較，指頭更能傳其神，易於收到那種神到形不到，韻到墨不到的好處。

不少畫家採用指墨作大幅潑墨。這樣作畫五指並用，隨墨汁流勢迅速塗抹，使墨如使指，使指如使意，使得作品氣勢磅礴，大氣淋漓，卻不留指痕墨跡，求奔放於規矩之中，能加強對象的厚實視覺感。以指作畫，看似簡單容易，實則不然。它是中國傳統繪畫的一技，要掌握其技能，必須具備筆畫的紮實基礎，這一點不可忽視。

從歷史發展看，指畫創始於清代初年，創始人據載為高其佩。他作品頗豐，以《漁舟鸕鷀圖》為代表作。該畫隨意勾抹，奇趣畢具，特別是畫線，粗細相延，恰好體現了指墨畫的特點，被後人廣為引用。高其佩之後繼者也很多，逐漸形成了「指頭畫派」，如現代畫家潘天壽，就是其中名家。

45 揚州八怪的繪畫有何特色？

畫壇上的揚州八怪數目不僅為八人，據史書記載有十五人之多。他們被通稱為「揚州畫家」。

這派畫家為人不務俗，多少有些異於世人的一般言行。但這種「異」並不偏離封建道德之基準。如鄭燮平日為人，興至作畫，作畫之餘，還要罵人。他從官吏到和尚，無所不罵，唯獨皇帝不罵。因此他們的「怪」還是有分寸的，否則便無居身之地了。

這種為人上的「怪」也充分體現在他們的為藝風格上。作為畫家，他們的繪畫往往取材平凡，但能從平凡中畫出不平凡。如李方膺畫「風竹」、閔貞畫「雪松」、金農畫「瘦馬」等，都不是將這些題材當作單純的自然物來看待，而是賦予它們一定的人性或社會性。鄭燮畫蘭花居然還畫荊棘，歌頌荊棘可以護蘭的作用，使之成為「美人」的「衛士」，這樣平凡的草類也不平凡起來。

此外，八怪之畫還有一共同的特點，就是以奔放的筆調抒寫心靈。他們強調在筆墨上的個性表達，這是文人畫在這一時期具有一種朝氣的反映。

乾隆之時，繪畫界摹古風氣正盛。由於皇帝將「四王」流派的摹古作品捧為正宗，因此八大山人、石濤之類的書畫不受歡迎。在這樣的潮流下，「揚州八怪」的藝術不受陳法約束，更顯出他們大膽的創新精神。他們自由的構思、任情的放筆，明顯地表現出畫風之脫俗。就繪畫創作而論，他們之所以被視為「怪」，原因也就在於他們十分注重自我的表達。

46 嶺南畫派有哪些代表人物？

嶺南畫派是辛亥革命前後創立於廣東地區的新興中國畫流派。它的出現始於居巢、居廉兄弟，而完成於高崙和陳樹人等畫家。

這其中最具代表性的畫家當推高崙。高崙，字劍父，曾留學於日本東京藝術學校。他與其他幾位嶺南派畫家在繪畫中都融合了日本畫及西洋畫技巧，所畫花鳥山水皆生動逼真，大大豐富了傳統繪畫的表現技巧，在題材上也富有革新精神。高劍父在山水畫中畫入現代建築，頗為難得。

陳樹人與高劍父的弟弟高奇峰，也同為嶺南畫派代表人物。陳樹人畫木檸花帶有開拓意義，高奇峰在上海編輯《真相畫報》，對美術發展有一定的影響。後人將高劍父、高奇峰和陳樹人稱為「嶺南三傑」，他們同為嶺南畫派的開創者。

47 楊柳青年畫有什麼特色？

楊柳青在天津市西郊，古代稱柳口鎮。據說北宋末年即有開封的畫師流寓於此，所以有「北宋畫傳楊柳青」之說。

明末清初，楊柳青年畫開始興起並逐漸發展，那些畫師是世代相傳的高手，技法精湛，構圖細膩勻整，講究對稱。在創作人物頭臉衣飾時，多用粉金暈染，色彩絢麗；刻工刀法嫻熟，細入毫髮；印製工藝也甚考究，有些套板印刷之後，還須手工填彩，整個畫幅，使人覺得富麗而悅目。

在取材上，楊柳青年畫不僅題材廣泛，而且不斷有所創新。一些反映政治時事的作品，如

《天津北倉義和團民大破洋兵》等，對當時激發反帝愛國運動起了積極的鼓舞作用。

在全盛時期，全鎮作坊林立，畫鋪眾多。附近各村，男女老少，也多從事年畫的繪製加工，有「家家會點染，戶戶善丹青」的民諺。楊柳青年畫不僅行銷關內外，同時也對各地年畫的製作產生很大的影響。有的地方禮聘此鎮的技工藝師進行指導和傳授，同時也有仿製其年畫作品的。

闔家歡樂

木板年畫在清中葉盛極一時，但好景不長。由於西方帝國主義的入侵，國勢漸弱，使得年畫生意也一落千丈。新中國成立後，年畫才得以新生，楊柳青等地成立印刷出版機構，在繼承和發揚傳統年畫的同時，也創作出一些反映社會主義建設事業的新年畫。近年來，楊柳青這株古老的花株又綻出新蕾，放出新光彩，更出展日、歐諸國，為中外文化交流做出了有益的貢獻。

48 中國畫的類別和發展情況如何？

中國畫簡稱「國畫」，是中國民族文化中的一顆明珠，震爍今古。東方和西方各自形成一個繪畫體系，既分庭抗禮，又相互影響。中國畫被尊為東方繪畫的主流，在世界美術領域中自具特色，別樹一幟。

從中國畫的發展情況來看，大致可分為人物、山水、界畫、花卉、瓜果、翎毛、走獸、蟲魚等畫科；有工筆、寫意、勾勒、設色、水墨等技法形式。從載體上分，大概可分為壁畫、屏障、卷軸、冊頁、扇畫等畫幅形式，輔之以傳統的裝裱工藝。

國畫

從畫科的各自發展看，人物畫成熟較早，到漢魏漸成氣候；而山水、花鳥則稍晚，到隋唐之際才形成獨立畫種；文人畫至宋元時期大興，明清則日益側重傳神暢意。

中國畫雖紮根於中華大地，但先後又受到佛教藝術和西方繪畫藝術的影響。它強調以形寫神，氣韻生動。由於書畫同源，以及兩者在達意抒情上都和書法用筆、線條運行有著緊密的聯繫，因此，繪畫與書法、篆刻相互影響，形成顯著的藝術特徵。作畫的工具材料為我國特製的筆、墨、紙、硯和絹素。近現代的中國畫在繼承傳統和吸收外來技法上，有所突破和發展。

49 中國畫的基本畫科有哪些？

中國畫是具有悠久歷史和優良傳統的民族繪畫。在長期的歷史發展中，形成了不少分科。其基本畫種主要有人物、山水、界畫、花鳥等。

人物畫是以人物形象為主體的繪畫，是較早出現和完善的一大畫種。人物畫又分為道釋畫、仕女畫、肖像畫、風俗畫、歷史故事畫等。在技法上，人物畫力求將人物個性刻畫的逼真傳神，氣韻生動，形神兼備，對人物性格的表現往往寓於環境、氣氛、身段和動態的渲染之中。因此人物畫（主要指肖像畫）又被稱為「寫真」、「傳神」。

山水畫是以描寫山川自然景色為主體的繪畫。在中國畫中，其興起較遲於人物畫，在魏晉南北朝時期仍附屬於人物畫，多作為人物畫的背景。至隋唐，山水畫已成為獨立的創作，出現了展子虔、李思訓、王維等的作品。至五代、北宋時，山水畫大興，名家迭出，從此成為中國畫一大畫種。山水畫在表現上講究布局與意境的表達，依技法和設色可分為水墨、青綠、金碧、淺絳、沒骨、淡彩等形式。

界畫指以宮室、樓臺亭閣等建築物為題材，而用界筆直尺劃線的繪畫，也稱「宮室畫」。歷史上著名的界畫作品有宋代的《黃鶴樓》、《滕王閣圖》等。

花鳥畫是以描繪花卉、瓜果、竹石、鳥獸、魚蟲等為主體的繪畫。它很早就已出現，起先用於工藝品紋樣上，新石器時代的彩陶上就繪有鳥、魚、蛙及花草樣的圖案。經過歷朝的發展，到唐朝，花鳥畫已開始成為獨立的畫種。傳統花鳥畫依題材可分為花卉、瓜果、禽鳥（翎毛）、走獸、魚蟲等類型。單以花卉而論，又有以梅、蘭、竹、菊四種花卉為題材的「四君子」畫等。

此外，中國畫還有一類描繪「怪石」、「博古」、「花雕」和「彩燈」等題材的，總稱為雜畫。這些豐富多彩的畫種的出現，反映了中國畫的發展進程，也促使中國畫壇出現了萬紫千紅的燦爛局面。

50 秦陵兵馬俑有什麼特色？

秦始皇陵兵馬俑以其恢宏大度、氣壯山河的磅礴氣勢震撼人心。它以宏偉的規模和整體的和諧被稱為世界第八大奇蹟。

兵馬俑規模空前。過去，它們只是秦始皇的陪葬品，在被埋藏二千多年後，於一九七四年才被發現。目前發掘的有一、二、三號坑。一號坑規模最大，位於陝西臨潼秦始皇陵東側十五公里，在一萬三千餘平方公尺的範圍內，隔牆與巷道互相間隔，陶俑整齊有序地排列成一個面向東方的龐大軍陣。東端以三列橫隊為前鋒；後面是排成三十八路縱隊的步兵；中間還有馬拉的戰車，是軍隊的主體。主體的左、右、後三面各有一列分別面向南、北、西面的橫隊，是兩翼和後衛。陶俑陶馬共計六千餘件。二號坑為弩兵戰車、騎兵的混合編組。三號坑僅是統領前兩坑的軍事指揮部，二、三號坑規模都較小，但陶俑仍有近千件。

俑的高度一般為一點八公尺，最高有二公尺，與真人等高或稍高。從衣著看全是武士，沒有文職官員，大部分武士都是頭部束髮勒帶，穿交領右衽過膝短襖，外面披甲，有久戰沙場的軍官，也有剛入伍的年輕戰士。這些俑都攜帶著實用的武器，如佩劍、弓弩、戈、矛、戟等，都是金屬的。

陶馬俑高一點七二公尺，身長二公尺，與真馬相似。四腿直立，張口昂首，直豎雙耳，兩眼圓睜，威風凜凜。

陶塑的六千兵馬組成的肅穆嚴整的軍陣，顯示了秦軍千軍萬馬橫掃八方勇不可擋的氣勢，在整體的動靜和諧統一中蘊含著無窮的威力，流露出藝術設計者對秦王威風的仰慕。

陶俑在製作上採用模製和手捏結合的方法。工匠藝術家們在捏塑過程中運用貼塑、刻、劃等技法，盡情發揮個人的想像。俑的臉型和神情多種多樣：有方臉寬額的；有兩顴隆起的；有的慓悍；有的清秀；有的憨厚樸實；有的精明幹練。鬍鬚、髮型也奇異多變。身體大多採用站姿，右

秦始皇陵一號兵馬俑坑

手握武器，左手下垂，也有少數採用跪射和馭駕等姿態。

軍陣這一主題要求武士姿態挺直，整齊劃一的排列自然形成軍陣整體肅穆的布局。藝術家只能在有限的自由創作中，塑造一個個武士，傾心灌注他們對普通人家子弟的愛，在整體和個體的統一變化的和諧中，完成巨大的藝術構想。這既體現了統治者的軍威，又表現了普通人的活力。

陶俑最初是著色的，如鎧甲俑身著綠色或紅色短襖，領口袖口鑲紫色或粉藍色花邊。可以想像，六千兵馬俑，一片鮮麗奪目的色彩。今天，雖不能再目睹當年的絢麗，但膚色的灰黑使陶俑軍陣更富有歷史的氣息。

51 雲岡石窟的雕刻有什麼特色？

山西大同雲岡石窟、洛陽龍門石窟，以及甘肅敦煌莫高窟並稱為中國古代三大佛教石窟藝術寶庫，其中敦煌以塑為主，雲岡以雕為主，創作上各有特色。

雲岡石窟與龍門石窟一樣，都是依山而雕，開鑿在砂岩上。大部分是先鑿出一個洞，然後，刻山石而雕刻成像，所以又叫石刻。方法大概是先用鑿子在山崖上鑿出一個大概的形象，然後再用小鑿子加工成身首五官等細緻部分，最後再將石像表面磨平滑，以去雕鑿之痕。與唐代陵墓石刻不一樣的是，雲岡石像完成後，仍與山崖連在一起，絕不能移動。

每一時代的藝術都具有時代特徵。因為藝術一致性的意識越來越弱，所以，越早期的藝術越有其一致性，越後期的則越具多變性。雲岡石窟基本為北魏時期的作品，有較鮮明的藝術特色。其造型大多面型修長，頸長，肩寬，顯得清秀柔潤，微豐滿。此外，其神情恬靜敦厚，冷峻含蓄，而又有慈祥的笑容。

三國時期，藝術造型特點是「秀骨清像」，形體是瘦削的。隋唐五代時，則發展為「圓潤豐滿」的特點。而雲岡石窟雕刻的創作正值北魏，也就是介於三國與隋唐之間，所以它兼具有二者特點，去其瘦削而圓潤不及，外觀清秀，內實豐滿，從而形成了鮮明的藝術特色。

雲岡二十窟大佛

52 龍門石窟有什麼代表作？

洛陽地處中原，歷史上從東周至五代的後唐，曾經先後有九個朝代建都於此，是歷代文人薈萃之地。距城南二十五里的龍門石窟，更是舉世聞名。

這裡，伊水北流，東西兩岸的番山和龍門山夾岸對峙，形似一天然門闕，故又稱伊闕。這裡的山石為古生代寒武紀到奧陶紀的石灰岩，距今約有六億到五億年，易於雕作。龍門石窟群，就雕鑿在伊水兩岸的崖壁上。

北魏時期，開鑿了古陽洞、賓陽洞、蓮花洞、魏字洞、石窟寺等洞窟。賓陽洞內的帝后禮佛圖兩塊浮雕，構圖嚴謹，儘管人物層次錯綜，卻和諧統一，顯得動中有靜，充滿肅穆的氣氛，藝術價值極高。三十年代此雕被盜走，現存紐約市藝術博物館和堪薩斯城納爾遜藝術博物館。

東西魏至唐初，未有大型石窟的開鑿。唐高宗永徽年間至武周，是唐代在龍門造像的最盛時期，窟龕已由西山擴至東山，重要的洞窟有潛溪寺、敬善寺、奉先寺、萬佛洞、看經寺等。敬善寺中，二天王像為浮雕，肌體與衣領雕刻精細，起伏微妙。奉先寺規模最大，本尊盧舍那佛坐像高十七點一四公尺，頭高四公尺，耳長一點九公尺，其弟子、天王、力士造像高度也在十——十三公尺左右。弟子迦葉、阿難嚴謹樸實，二菩薩文殊普賢端莊矜持，

龍門石窟奉先寺

都盛裝豔服，飾瓔珞寶珠，戴華麗寶冠。天王與金剛力士則顯得威嚴剛健，都塑造得十分成功，將塑像的核心盧舍那佛像襯托得更加尊貴威儀。

盧舍那佛像是龍門雕刻的代表作。佛經上說，盧舍那佛也叫大日如來，是充滿一切惡剎的法身佛。據《華嚴經》經文說，盧舍那是三千大千世界的教主，它的光明遍照十方，因而石窟中遍身刻千佛的便是盧舍那，而佛陀不過是他在這個世界教化眾生的替身。

龍門的這尊盧舍那佛，踞坐在唐王朝的中心地帶，似有囊括宇內的氣魄，除宗教和政治上的象徵意義外，亦是一個反映時代審美觀念的藝術典型。它的整體造型勻稱，身材頎長豐滿，肩部寬厚大方，胸腹富於生機，螺形髮鬟，身披袈裟，穩重的坐勢與衣褶弧形曲線構成的美妙流動感相配合，取得靜中有動的藝術效果。大佛面容最醒目的特徵是有武則天式的「方額廣頤」，雙目放射慈祥的光芒，顯示出莊嚴、溫和、睿智的神態特徵。正如李澤厚在《美的歷程》中所寫：「龍門奉先寺那一組佛像，特別是本尊大佛——以十餘公尺高大的形象，表現如此親切動人的美麗神情——是中國古代雕塑作品中的最高代表。」

53 誰是中國歷史上的「塑聖」？

在中國藝術史上，有一位雕塑家以塑作稱聖，與「畫聖」吳道子齊名。他便是唐代雕塑家楊惠之。

楊惠之是吳（江蘇揚州）人，活動在盛唐開元天寶年間。他在開元年間與吳道子共同師法梁代畫家張僧繇的畫跡，二人稱為畫友，「巧芝並著」。由於吳道子在繪畫方面更有造化，楊惠之遂焚毀筆硯等繪畫工具，毅然發憤專肆塑作，終於達到「天下第一」，成為雕塑聖手。當時人們就以「道子畫，惠之塑，奪得僧繇神筆路」稱道他們二人。

中國佛道自魏晉以後大為興起。楊惠之將畢生精力都放在宗教藝術方面，他在寺院中的主要崇拜對象——偶像雕塑方面留下了許多傑出作品。比如開封大相國寺淨土院內大殿塑佛像和枝條千佛，東經藏院殿後三門塑二神、當殿塑維摩詰像，洛陽五百羅漢像等。所塑人物造型，合於相術，故稱古今絕技。

楊惠之所塑宗教形象「形模如生」，深受廣大群眾喜愛。唐末黃巢領導的農民起義軍痛恨痲醉人民的佛教，將長安、洛陽一帶廟宇焚毀幾盡，唯獨對楊惠之手塑神像「惜其神妙，率不殘毀」。楊惠之千百年來一直得到崇敬，「塑聖」的美名留傳至今。

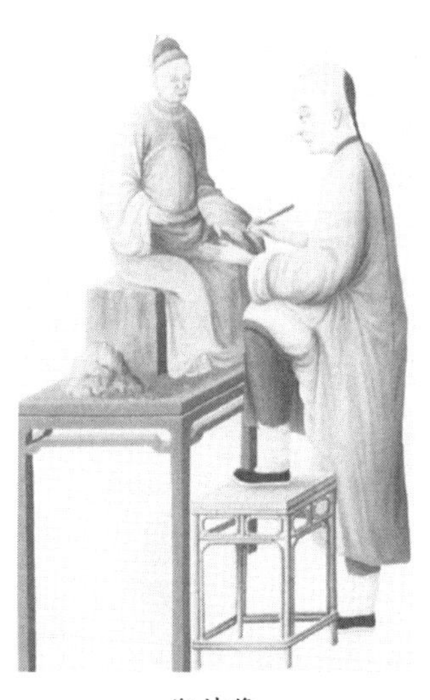

塑神像

54「禮」和「樂」指什麼？

中國自古便稱禮儀之邦。所謂「樂者，天地之和也；禮者，天地之序也」，二者總是被相提並論。

禮的最初意義是祭神。祭神有一定的巫術程式，除了祭獻、禮拜、祈禱、占卜外，很重要的一個內容就是以樂舞迎神、娛神、送神。奴隸社會時期，奴隸主用「禮」來維護本階級的統治和鞏固等級制度。至周朝，因有了夏、殷兩代作借鑒，就更加完備了。

相傳「周公作禮」，周公用「文治」繼「武治」來鞏固統治。今存《周禮》、《禮記》等所記載周禮的繁文縟節很多，內容從祭祀到天子諸侯會見、大夫出使他國，及調整奴隸主階級內部各種關係的禮儀。但「禮不下庶人」，享有禮樂待遇的只到士為止。可見周代的「禮」完全是為奴隸主所需要的社會秩序服務的。

中國人自古喜歡音樂，所以「音樂」的「樂」和「快樂」的「樂」是同一個字。我們的祖先在原始社會就以音樂、舞蹈、歌唱來悅神並自娛。從一開始，「樂」便是與「禮」結合在一起的。

封建制取代奴隸制，經歷了一個「禮壞樂崩」的過程，封建統治者選擇了儒家思想作為正統思想，理論上總結了周代禮樂的作用，並且竭力想阻止「禮壞樂崩」的進程。儒家重視樂的移風易俗的作用，把樂分為治世之音、亂世之音和亡國之音三種。

儒家的禮樂思想是為適應統治階級需要，鞏固君臣上下尊卑長幼男女的秩序而服務的。因此，後來封建社會每次改朝換代，免不了重新制禮作樂，以鞏固皇朝的統治。儒家提倡：樂在享廟之中，君臣上下同聽之，則莫不和敬。禮嚴格地區別等級，而樂則能在感情上、氣象上具有調和作用。建築統治者大為推崇儒家「禮樂」思想，歸根結柢還是為統治階級服務。

55 古樂以什麼爲標準音？

中國古代音樂很發達。樂器種類有匏、土、革、木、石、金、絲、竹八類之多。如缶屬土類、鼓屬革類、磬屬石類、琴瑟屬絲類。一次大型演奏，要同時具備各類樂器，如果這個樂隊沒有一個標準音使之統一起來，那是不可想像的。那麼，古人怎樣確定標準音呢？

古人為此首先定了一個標準：「大不出鈞，重不過石。」什麼是鈞？取一根長七尺的木條，繫一條弦，拉緊之後，擊弦發音。用這個音高作為鐘音最大的限度。也就是說，編鐘的音從黃鐘之宮的那個鐘開始，升到鈞音為止，不能製造音更高的鐘了，即所謂「大不出鈞」。一百二十斤為石，重不過石，就是編鐘最重不得超過一百二十斤。

有了量的限制，再來定度的標準。關於這點，古人製造一個黃鐘管作標準。

黃鐘是十二律的首律，首律的音高就叫做「黃鐘之宮」，也就是現代音樂上所謂音階的主音。主音的音高是這樣定的，取一根竹子，要粗細均勻，內半徑十五公分。在兩節中截取九寸，把一頭封閉起來，在開口的一頭吹，吹出的音就是黃鐘之宮。

標準音黃鐘管確定後，其他樂器的標準音都根據黃鐘管所發出的音為標準來定音。

56 十二律是什麼？

音樂中的「律」，簡言之就是和劃分音高音位的規律。中國約在商代就有了明顯的音階概念。《管子》中已記載有宮、商、角、徵、羽五音名稱，並說明其定位方法——三分損益法。晚些時候發展為七音（五音再分變商、變徵二音。變，即比本音降半音）及十二律。戰國末期成書的《呂氏春秋》中，亦用了三分損益法，記錄了十二律相生之法則。

十二律就是一個音程中漸次升高的十二個半音。與西樂音階相對，從C至B，依次為：黃鐘、大呂、太簇、夾鐘、姑洗、仲呂、蕤賓、林鐘、夷則、南呂、無射、應鐘。

律的定音，在中國起源很早。相傳黃帝時樂官伶倫奉令制律，他就到「崑崙之陰」，找到一根竹子，選其中心空透、粗細均勻的一段，去掉兩頭竹節，「其長三寸九分」，將它吹出的音定為「黃鐘之宮」。他又「次制二十筒」，到崑崙山下「聽鳳凰之鳴，以別十二律」。結果，與雄鳴相應的有六，與雌鳴相應的也有六。正好排成一套「黃鐘宮」的律。（《呂氏春秋．古樂》）這雖然是傳說，但它所記載的定律方法卻是科學的。所謂「黃鐘之宮，律之本也」，其餘十一律均習依「三分損益律」而推算出來。但是，黃鐘的音高歷代有變化，並無統一的標準。

57 雅樂與俗樂各自指什麼？

雅樂是古代祭祀天地、祖先和朝會、宴享時所用的正統音樂。孔子聽了盡善盡美的雅樂《大韶》後，竟至「三月不知肉味」。

詩經中的「雅、頌」也大多是周代的雅樂。

十五國風中的鄭風與衛風，也即鄭國和衛國的民音樂則被歸入俗樂之列，歷來受儒家排斥，稱為「亂世之音」。孔子與孟子都「惡鄭聲之亂雅樂」。但有些君侯，比如魏義侯、梁惠王卻十分喜愛鄭、衛之音，可見它們也是很優美動聽的。從此時起，「先王之樂」（雅樂）和「世俗之樂」（俗樂）就成了歷代音樂的兩大壁壘。但在隋、唐以前，還沒有明確區分雅樂和俗樂，宮廷宴會時二者都可採用。隋文帝時音樂分雅、俗二部。唐玄宗時設左右教坊，選樂工演奏俗樂，教法取自梨園，稱為皇帝梨園弟子，於是俗樂達到極盛。俗樂在歷史上先後被稱為「清樂」和「燕樂」。

58 何謂「餘音繞樑」？

中國音樂起源早，到春秋時已有相當成就，留下許多美麗的傳說。「餘音繞樑」就是講春秋時一位女子韓娥歌聲動人的故事。

韓娥有一次到齊國去，在路上斷了糧，只得在都城雍門地方賣唱度日。她的歌聲動聽極了，以至於她離開雍門後，似乎那裊裊的歌聲還在人們的耳際迴盪，又彷彿在房樑上迴旋，整整有三天三夜音聲不絕。大家還以為她不曾離開。後來，韓娥在經過一家客店時被店主瞧不起，她非常傷心，就拖著長長的哭腔唱起了悲歌。那地方的人們聽了，極為感動，把她追了回來，熱心地接待了她。因此後人就造了一個成語叫「餘音繞樑」，也稱「繞樑三日」，形容樂聲美妙動聽。

59 什麼是「六馬仰秣」？

《荀子・勸學》有一典故，稱「伯牙鼓琴，六馬仰秣」。即是說俞伯牙彈起琴來，能使馬都停食傾聽樂章。

俞伯牙是春秋時期人，他的學藝經歷很有意思。他曾跟成連先生學琴，可學了兩年，還是沒學好。成連說：「我有個老師叫方子春，琴藝很高，住在海島，他也許能把你教好。」於是伯牙隨成連到了東海蓬萊山上。成連先生讓伯牙在島上等著，說自己去接方老師來。誰知成連一去十幾天不回來。伯牙天天在蓬萊山上聽海濤的澎湃之聲和山林幽遠的天籟之聲，從中深受啟迪。成連先生十幾天後駕船回來，並且問道：「你見到方老師沒有，琴學成了嗎？」伯牙會心地笑了起來。從此後，俞伯牙琴藝大有長進，琴聲妙絕天下。從這件事中我們可以悟出一個道理：學習任何藝術，必須師法自然。據說俞伯牙奏琴，一會兒能彈出巍巍高山的氣勢，一會兒又能彈出涓涓流水的聲音。而此中深遠的寓意，只有他的好友鍾子期才能領悟。故稱鍾子期是俞伯牙的知音。「知音」一詞，由此而來。

伯牙與鍾子期

60 誰是師曠？

師曠，字子野，是春秋時期晉國的掌樂太師，他是個盲人，聽覺格外靈敏，辨音能力超出常人。當時太師的身分是下大夫，因此師曠不僅是音樂家，還要參與政治。他在重大典禮時負責率領樂師們奏樂、朗誦，碰到有重大的軍事行動，還要用音律來占卜吉凶。大概由於這方面的原因，師曠成了傳奇色彩很濃的人物，幾乎被說成算命瞎子的祖師爺了。其實，他的主要功績還在於音樂上的貢獻。

師曠是一位傑出的古琴演奏家和作曲家。他演奏古琴已達到出神入化的境界，創作了以「曲高和寡」而著稱的《白雪》，以及《玄默》。此外，他對十二律的完善起了重要作用。師曠以辨音精細稱於世。「師曠之聰」使得他不但精辨十二律，而且初步掌握了旋宮轉調的方法。

師曠在音樂理論上是個堅持禮樂正流的保守派。他反對新聲淫風，其「好樂無荒」的思想，對孔子「《關雎》樂而不淫」思想有過影響。師曠的音樂思想，可說是後來儒家禮樂理論的先驅。

61 怎樣認識編鐘？

編鐘，就是將多個鐘按音程高低懸在架子上編成一組，它是古代的槌擊樂器。

早期的編鐘是用泥土燒製的，是陶鐘。夏商之際出現了以青銅製造的編鐘。中國在湖北隨縣曾侯乙墓中挖掘到編鐘，這套編鐘全用青銅鑄造，共六十五件，總重量達五千多斤，編鐘在三層銅木鐘架上，每件銅鐘都能敲出兩個樂音。整個編鐘的音階結構與現今國際通用的C大調七聲音階屬同一音列，音域寬廣，包含五個八度。現在演奏起來，高層音悠揚嘹亮，低層音深沉深音，氣勢十分宏偉。這套編鐘的鑄成，顯示了中國古代青銅鑄造工藝的巨大成就和音律科學達到的高度，在世界音樂史上具有劃時代的意義。

無疑，這樣大規模的編鐘是享廟祭祀大典和國家大宴上使用的樂器。鐘在古代是一種權力的象徵，與鼎有著同樣重要的意義。在百姓的日常生活中，鐘的用途也很普遍，經常作為儀

曾侯乙編鐘

仗中的樂器而使用。

62 音樂領域上的樂府指什麼？

在音樂上，樂府是指古代中央政府的音樂官署。樂就是音樂，府就是官府。魏晉之後，它的含義擴大，還指文學上的一種文體。魏晉六朝人就把配樂演唱的「歌詩」叫做樂府。蕭統《文選》就在騷、賦、詩之外另立「樂府」一門。唐朝的樂府，如白居易的「非樂府」，是一種詩體，與音樂無關。宋元以後，樂府又指詩、曲，如蘇軾的《東坡樂府》。

音樂層面上講的樂府，僅指一種音樂機關。它的具體任務：一是制定樂譜，為貴族、文人歌功頌德的詩歌配樂演唱；二是培養訓練樂工。還有一點，就是為統治者收集民間歌謠。統治者從大量採集來的民歌民謠中，可以體察民情，客觀上也有利於民歌的保存。今天，在文學史上放射奪目異彩的樂府詩，主要就是民歌。

63 九宮十三調指什麼？

九宮十三調，是指元宋南曲所存的十三種宮調名稱。

宮調，包括了「宮」和「調」，是調音、調式的總稱。它包括了六種不同調音的宮調式：正宮、中呂宮、道宮、南呂宮、仙呂宮、黃鐘宮。五種不同的音調式：大石調、雙調、小石調、商調、越調。兩種不同調音的羽調式：般涉調，羽調（即黃鐘羽）。它標誌著中國樂學理論的不斷完善。

64 什麼是教坊？

教坊是古代管理宮廷音樂舞蹈的機構。唐代時設立了較為完備的教坊。

宮中的內教坊，樂工有男有女。女樂工按色藝分檔，色藝最高的稱「內人」，居於宮中宜春苑。她們在大型歌舞時總是站在隊伍前頭。其次為宮人，再次為檔彈家。這些人的來源一部分為世代樂工之家，還有一部分是罪人妻室淪落為樂伎的，另有各地藝人。對她們的訓練非常嚴格，有專門的教師教授。

宜春苑的內人，有的特別受寵幸。但實際上，只是猶如關在籠中的金絲雀，作皇帝的玩物。遇主上一時高興，會得賞賜，稍一不合皇上心意，便會淪為階下囚，命運難以把握。

唐代教坊是當時天下音樂舞蹈精華的薈萃之地。其中名家雲集，他們精湛的演技曾使當時傾國仕女們如癡如醉。其中許永新、李龜年等人，都是一時之秀，蜚聲藝壇，留下了不少傳誦後世的風流佳話。

65 何謂《胡笳十八拍》？

《胡笳十八拍》是古代樂曲。胡笳是一種吹奏樂器，漢代流傳於塞北和西域一帶，是漢、魏鼓吹樂中的主要樂器。

現存《胡笳十八拍》有琴曲與琴歌兩種。琴歌曲作者佚名，詞作者為詩人蔡琰，即蔡文姬。她是漢末的文學家、書法家蔡邕的女兒，博學多才，精通音律，可生活坎坷，曾被匈奴部將所擄，遂遠嫁匈奴，後被曹操贖了回來。

《胡笳十八拍》具有不羈而雄渾的氣魄，滾滾怒濤一樣不可遏抑的悲憤。這十八段樂曲，音調哀婉淒楚，調式變化豐富，層次發展分明，表現了文姬既思念故土、又懷念幼子的痛苦情懷，真切感人，催人淚下。

該曲十八段，每段歌詞八句、十

蔡文姬

句、十二句不等，因此與之相配合的音樂也長短不一。每段音樂是完整獨立的，可以單獨或連接演唱。同時，全曲內在上和諧統一。清初《澄鑒堂琴譜》載有全曲。

66 《廣陵散》是一部怎樣的著作？

《廣陵散》是一部著名的琴曲。它最早見於東漢《與劉孔才書》：「聽廣陵之清散。」此曲又名《廣陵止息》或《止息》，可獨奏，亦可合奏。

現在的琴曲《廣陵散》是從《聶政刺韓王》發展而來的。據蔡邕著的《琴操》記載：傳說戰國有一個製劍匠為韓王鑄劍，因誤了期限被韓王殺害，他的兒子聶政決心報仇。聶政進入深山，刻苦學琴，十年之後，琴藝妙絕。他就化裝回到了韓國，利用為韓王演奏古琴的機會殺死了韓王，也獻出了

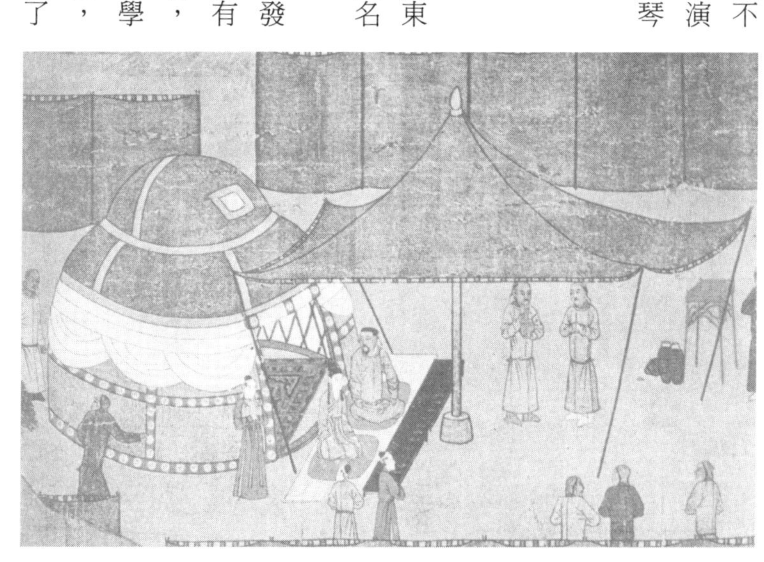

胡笳十八拍

自己的生命。這是一曲歌唱復仇者的悲壯頌歌。後來人們感到名字有些刺耳，便把《聶政刺韓王》改名為《廣陵散》。

歷代傳說魏晉時期「竹林七賢」之一嵇康是最擅長此曲的音樂家。可惜他後來被司馬昭藉故殺害。據《晉書》記載，他在獄中時，有三千太學生向政府請願赦免，願拜他為師，但遭拒絕。嵇康臨刑時，演奏了自己最拿手的《廣陵散》，說道：「廣陵散從此絕矣。」然後從容就死。

實際上，今天的樂壇上《廣陵散》仍在流傳，而且有了更大發展。該琴曲譜現存於世的有明代《神奇秘譜》等傳本。

67 什麼是《陽春白雪》、《下里巴人》？

戰國後期楚國的辭賦家、屈原的學生宋玉，在《對楚王問》的一段中寫道：「客有歌於郢中者，其始曰《下里巴人》，國中屬而和者數千人……其為《陽春》、《白雪》，國中屬而和者不過數十人。……是其曲彌高，其和彌寡。」文中《陽春》、《白雪》、《下里巴人》都是古代歌曲名稱。

「下里」即鄉里，「巴人」即蠻人。《陽春》是古代歌曲名，《白雪》是五十弦瑟的樂曲名，都為師曠所作。

由於楚王聽信了佞臣攻擊宋玉的言論，考問宋玉，於是有了《對楚王問》一文。宋玉把自己比做最美妙、最高雅的音樂，因那些毀謗他的小人根本不能理解而「寡和」。這一番答辯證明他與小人之間，無論學識、志趣、行為等方面，根本不能相提並論。因此，那些小人也不可能對他有正確的評價，他們的言論絕不可信。這種辯論十分巧妙。

現在也有人用《陽春》、《白雪》泛指精深的藝術作品，而以《下里巴人》指平凡的藝術作品，不再專指音樂作品了。

68《梅花三弄》是首什麼樣的曲子？

明初朱權在洪熙元年整理刊行的《神奇秘譜》中記了《梅花三弄》全曲十段，並說此曲原是東晉桓伊為王微之吹奏的笛曲，又名《梅花引》。

桓伊不僅是一位治國能臣，而且「善音樂，盡一時之妙，為江左第一」。他曾在晉孝武帝面前撫箏而歌，自彈自唱。但他最拿手的樂器是笛子，據說他吹奏的乃是東漢蔡邕的遺物，有名的柯亭笛。王微之是王羲之之子，也是一代名流。二人在路上邂逅，王微之請桓伊為他吹笛，於是吹奏出「三調」，也就是《梅花三弄》了。

這支笛曲，至唐代還很流行。《神奇秘譜》所載《梅花三弄》是標題音樂。它十段各有小標題，原譜為琴簫合奏。所謂一弄叫日、二弄穿月、三弄橫江，是此曲第一主題反覆出現三次。全曲以音樂形象描繪梅花不懼嚴寒，迎風怒放，幽香遠傳的境界。

《梅花三弄》各段小標題分別為：一、溪山夜月；二、一弄叫日聲入大霞；三、二弄穿月聲入雲中；四、青鳥啼魂；五、三弄橫江隔江長嘆聲；六、玉簫聲；七、凌風戛玉；八、鐵笛聲；九、風盪梅花；十、罷是不能。

69 什麼是《陽關三疊》？

與《梅花三弄》一樣，《陽關三疊》也是有名的古曲。明清有不同傳譜，但都是配有歌詞的琴曲，可獨奏，亦可弦歌。

中國從先秦起，就有撫琴而歌的音樂表演形式。司馬相如撫琴一曲，歌《鳳求凰》，打動卓文君的心，也是琴曲合唱。

《陽關三疊》的歌詞，就是王維《送元二使安西》一詩：「**渭城朝雨浥清塵，客舍青青柳色新。勸君更進一杯酒，西出陽關無故人。**」這首詩抒寫離愁別緒很有典型意義，在唐代是一首「流行歌曲」。唐朝時被稱為《渭城曲》或《陽關曲》。而「三疊」是宋人提出的。

三疊如何疊法，後人記法各異。以蘇軾之說為例，是第一句唱一遍，後三句皆重覆唱一遍，共七唱，極盡迴腸盪氣之能事。現在流行的《陽關三疊》琴曲，是清末《琴學入門》的傳譜。

70 樂曲《春江花月夜》有什麼特色？

作為樂曲的《春江花月夜》，本是一首琵琶曲，名《夕陽簫鼓》，又名《潯陽曲》。它的音樂內容從白居易的長詩《琵琶行》中那句「潯陽江頭夜送客」脫胎而來，而與《春江花月夜》詩並無直接的淵源關係。一九二五年，上海的兩位民樂家首次將琵琶曲《夕陽簫鼓》改編成民族管弦樂曲《春江花月夜》，糅合了張若虛、白居易兩篇名詩的意境，提高了樂曲的藝術表現力。

這首優美的樂曲，通過委婉質樸的旋律，流暢多變的節奏，巧妙細膩的配器，絲絲入扣的演奏，形象地描繪了月夜春江的迷人景色。樂曲開始由琵琶模擬鼓聲，簫與箏奏出輕微的波音，描繪夕陽映江面，微風泛漣漪的美景。然後，樂隊齊奏優美如歌的主題。奏至第六段《水深雲際》，琵琶、二胡與中胡齊奏出醇厚深沉的樂音，繼而飄出琵琶輕柔透明

《春江花月夜》

的泛音，再現了張若虛原詩「江天一色無纖塵，皎皎空中孤月輪」的壯闊景象。然後簫吹出悠揚的音韻，猶如白帆點點，轉而樂隊齊奏，速度加快。最後一段在古箏琶音襯托下樂隊合奏，節奏先是激昂，然後又漸緩，顯示出歸舟遠去，江面復一片波光粼粼的景象。全曲在柔美徐緩的樂聲中結束。

整個樂曲旋律和諧優美，意境開闊，使人聽後心曠神怡。有人將它與外國名曲《藍色多瑙河》相媲美。這首名曲後來還被改編為鋼琴曲、木管五重奏與交響樂管，在樂壇傳為佳話。

71 怎樣認識《大韶》的「雅」？

周代的雅樂有「六舞」，《大韶》便是其中之一。《大韶》又名《大磬》，用於祭祀四方，相傳為舜時的樂舞。《論語》中認為「韶」盡美矣，又盡善也。《述而》篇記錄了孔子到齊國看到《大韶》的演出而陶醉得「三月不知肉味」。

為什麼孔子將《大韶》推為盡善盡美的雅樂呢？

首先因為孔子把樂舞看得很重要，他認為樂舞對政治有很大的推動作用。他說：「名不正，則言不順；言不順，則事不成；事不成，則禮樂不興；禮樂不興，則刑罰不中；刑罰不中，則民無所措手足。」（《論語・子路》）他推薦周代的禮樂制度，所以他喜歡《大韶》。

《大韶》是一種很美的舞蹈，它能使「鳳凰來儀，百獸率舞」。它在歌頌舜帝之德、表現遠古政治祥和的同時，使舞蹈者領略了「仁」與「和」的旋律。其「中正和平」、「典雅純正」，符合孔子用音樂陶冶性格、淳化民風的思想。

72 什麼是「六舞」？

周公制禮作樂的重要內容之一，就是制定六舞。「六舞」又稱「六樂」，包括《雲門》、《咸池》、《大韶》、《大夏》、《大漢》、《大武》六首樂舞。以後的歷朝統治者都奉之為樂舞的最高典範，稱它為「先王之舞」。

這六個舞蹈又可分為文武兩類。黃帝、堯、舜、禹等人以文德服天下，所以他們的樂舞是文舞；湯與武王都是以武功征服天下，所以是武舞。

「六舞」的演出儀制有明確規定，表演者都是在「大司樂」門下受教育的貴族子弟。貴族子弟們在隆重的典禮中俯仰迴旋，應律合節。在這裡，統治階級除了達到祭祀天地山川、誇耀政治修明隆盛、歌功頌德的目的之外，還使他們的下一代耳濡目染，自然而然地受到了統治階級禮教的感化。但慢慢地，統治階級極力地神化使「六舞」僵化在固定的程式中，結果連統治階級都不愛看了。

73 什麼是八音克諧？

在中國最古老的史籍《尚書・舜典》上記載了這樣一件事：虞舜命主管樂事的樂啟教育冑子（帝王與貴族的長子），使他們做到「直而溫，寬而栗，剛而無虐，簡而無傲」。並描繪出一幅美妙的景象：「詩言志，歌永言，聲依永，律和聲。八音克諧，無相奪倫，神人以和。」

「八音克諧」中的「八音」指古代八大類樂器：金、石、土、革、絲、木、匏、竹，亦是對我國古代樂器的統稱。八類樂器有條不紊地協奏，產生出美妙和諧、悅耳動聽的樂音，就叫「八音克諧，天相奪倫」。

這一學說，實在是一份極其重要的音樂史料。古代的大儒借「聖人」虞舜之口，對「文之以五聲，播之以八音」的音樂，給予了極高評價，指出它與傳統詩教一樣，在培養下一代溫柔敦厚的品格上，起了重要的作用。這體現了音樂的教育作用，值得後人發揚光大。

74 什麼是「角抵」？

「角抵」也是史前的一種舞蹈形式。漢代其意義擴展，泛指各種樂舞雜技。它成了「百戲」的同義詞。

在東漢張衡的《西京賦》中，有漢代「角抵百戲」的記載。雜技方面有扛鼎、尋橦（爬竿）、衝狹（過圈之類）、燕躍（跳高、跳遠）、跳丸（拋木球）、走索吞刀、吐火等；幻術方面，有畫地成川、漱水成霧、易容分形等。它包含的技藝極為廣泛，有雜技、武術、幻術、滑稽表演、音樂演奏、歌舞等多種民間技藝的串演。

魏晉動亂時期，民間文藝的發展受制約。隋統一後，百戲卓盛。唐宋時代，從宮廷到民間，百戲都很盛行。北宋開封是繁華的商業大都市，產生了藝術表演場所瓦舍。據南宋《東京夢華錄》記載，汴梁逢元宵等節日則「歌舞百戲，鱗鱗相切，樂聲嘈雜十餘里」，盛況空前。可見我國戲曲藝術發展之繁榮。

75 什麼是《九歌》？

《九歌》是屈原所著的《楚辭》中，根據湘江、沅江一帶民間祭歌加工潤色而成的十一篇樂歌。即《東皇太一》、《雲中君》、《湘君》、《湘夫人》、《大司命》、《少司命》、《東君》、《河伯》、《山鬼》、《國殤》和《招魂》。有人把《國殤》與《招魂》、《湘君》和《湘夫人》各視為一篇，因此計為九篇。據王逸《九歌序》云：「昔楚國南郢之邑，沅湘之間，其俗信鬼而好祠，其祠必作歌樂鼓舞以樂諸神。」可見，《九歌》內容都是有關神靈的神話傳說。屈原在放逐期間，收集這些民間祭歌，去其鄙陋而著成新作。

《九歌》原是民間祭神的舞歌，其演出情況可從歌詞中了解。如《雲中君》：「浴蘭湯兮沐芳，華采衣兮若英。」意為巫女香湯沐浴後穿上彩衣，花枝招展，光彩奪目。

漢代有一首民間敘事詩《陌上桑》，由《九歌》中的《山鬼》一篇刪改而成。《樂府詩集》卷二十六《相和歌辭》二《相和曲》下收此詩，注為「晉樂所奏」。如果晉樂所奏確為楚聲，則《九歌》的音樂到晉代還沒有失傳。

《九歌》圖・東皇太一　元代張渥作

76 古代樂舞爲何講究長袖細腰？

長袖、細腰不僅是中國古代服飾的特徵和人們所崇尚的美女的體態特徵，而且與中國傳統舞蹈有密切關係。

古代舞蹈十分講究舞袖，所謂「長袖善舞」。舞袖通過服飾造成的人體臂部的延伸，不僅誇張了舞蹈動作，而且增強了其表現力。隨著各種舞步與身段，雙袖時而高揚，時而飄拂，時而翻捲，時而縈繞，在空中產生無數美妙無比、流動起伏的舞蹈形象。如唐代著名的《霓裳羽衣舞》

就是長袖舞。

古代俗諺又說：「楚王好細腰。」纖細的腰肢不但能顯露舞者身姿的秀美、體態的婀娜，還會使舞蹈動作更加輕盈。漢代趙飛燕正因為腰肢纖細，體態輕盈，所以相傳「身輕若燕，能作掌上舞」。當她迎風揚袖而舞時，會使人產生欲乘風飛去之感。「纖腰舞盡春楊柳」就是對這一美態的寫照。

從漢、唐出土的舞俑等文物中，人們常看到長袖細腰的舞者形象，從白居易「飄然轉旋回雪段，嫣然縱送游龍驚」的詩句中，可看到二者配合在一起所產生的舞蹈形象。這體現了中國古代「形隨意變，舞以明詩」的舞蹈審美思想。

趙飛燕

77 南北朝時的樂伎指什麼？

兩晉南北朝是中國歷史上一個大動盪的時代。這一時期的皇帝，對樂舞藝術格外青睞，一時樂舞繁榮，女樂舞伎極為普遍。

南朝齊帝東昏侯為寵妃潘貴妃修建三殿，鑿金為蓮花鑲貼在地上，潘妃在蓮花地上翩翩起舞，「步步生蓮花」。唐代歌舞大曲《踏金蓮》即來源於此典故。陳後主生活奢侈，寵妃張麗華能歌善舞，懂巫術，常在後宮聚集一些女巫跳鼓舞。後主還給一些詞藻豔麗的詩篇配上音樂，如《玉樹後庭花》等。

在諸皇言傳身教下，王侯將相也歌伎填室。西晉大財主石崇有位叫綠珠的寵妾，生得豔麗非凡，她擅長吹笛，又善舞《明君》，極受石崇喜愛。

這些才貌俱佳的女樂舞伎大多命運悲慘。張麗華投井，綠珠被迫墜樓而亡。可見她們大多處於社會的低層，強顏歡笑，備受奴役。但她們所創作的樂舞藝術，為豐富中華民族的藝術寶庫做出了可貴的貢獻。

（注：「伎」指能歌善舞的女子。）

78《霓裳羽衣舞》有什麼藝術魅力？

「千歌萬舞不可數，其中最愛霓裳舞。」《霓裳羽衣舞》是唐代舞蹈的代表作之一。它是一個帶有宗教意識的、表現仙女姿態的藝術珍品。

唐朝詩人白居易所作《長恨歌》中描寫楊貴妃舞《霓裳》的詩句，已為人們千古傳誦。他還有一首專門記敘這支舞的詩作《霓裳羽衣》。這首詩為人們生動地描繪了舞者的姿態。舞者被扮為一位不同凡俗的、美麗雅致的仙女式的人物，頭上戴步搖冠（一種垂珠串串，走時會隨步搖曳的飾品），上身披著霞帔，下著如虹霓一樣淡彩色的裙子，衣袖上細長的流蘇彩帶飄動。在音樂聲中，隨著輕盈飄逸的舞步，翩翩舞袂。舞蹈大量運用了舞袖、舞腰、旋轉等技巧，創造了多種意象，充分表現了一種飄飄欲仙的感覺。

本舞的音樂是唐玄宗部分地吸收了《婆羅門曲》創製的，屬於唐代音樂、舞蹈、詩歌三結合的大型樂舞大曲形式，又是法曲。具有音樂創作才能的唐明皇，在他後期統治時終日追求聲色之樂，本舞正是他想要升仙的產物。

在藝術上，它是中外合璧的產物，它把中原清商樂的含蓄婉轉、清麗悠揚與印度佛曲的空幻、渺遠融為一體，是將外族音樂華化的傑作。舞蹈上剛柔並濟，把傳統舞姿的柔

《霓裳羽衣舞》

媚、典雅與西域舞風的俏麗、明朗水乳相交，形成了獨特風格。

該舞的演出形式最初可能是獨舞，最有名的舞者有楊貴妃和她的侍兒張雲容。白居易描寫的則是雙人舞。還有幾百宮女組成的大型隊舞。在二十世紀八〇年代，它還以群舞形式出現在舞劇《絲路花雨》中。

《霓裳羽衣舞》將強烈的藝術魅力和宗教意識的神秘情調密切結合，成為中國古代舞蹈藝術的珍品。

79 敦煌文物中有哪些關於舞蹈的記載？

敦煌文物展現了歷代舞蹈藝術的風貌。這些形象大多分布在壁畫中下部比較顯著的伎樂表演場面中。一般每幅只有一組舞蹈形象，每組有一個或兩個舞伎。另外，壁畫中還有大量的在佛教中被稱為「香音之神」的「飛天」形象。她們有的在空中平馳，有的斜趨，有的仰升，有的俯降……姿態飄逸優美，舞蹈感極強。

敦煌壁畫提供的舞蹈形象資料，對舞蹈者更有重要意義。這些壁畫中入選的舞姿，都是當時被公認為最美，也最有時代特色的舞姿。從文獻來看，最主要的是唐代的舞蹈。唐詩中不少關於唐代舞女服飾、髮式的形容，在這些壁畫中都能看到。這些舞蹈形象最大的特點是呈現了一種

「S」型，即「三道彎」的舞姿。從出胯、扭腰、擰身的動作，可以看到它具有濃郁的印度風格。從這些形象中，我們明顯地看到了外來舞蹈與中國傳統舞蹈藝術相融合，逐漸民族化的情景。

80 什麼是戲曲音樂？

戲曲是綜合性的舞臺藝術，它包括文學（劇本）、音樂、舞蹈、表演、武打及燈光、美術等。戲曲音樂分為聲樂和器樂兩大部分。

聲樂包括唱、念。唱腔是演員以第一人稱直接抒發劇中人物思想感情的藝術手段，是戲曲音樂的主體。以唱為主的劇目有崑劇《遊園驚夢》、豫劇《塔紅》、京劇《玉堂春》、黃梅戲《天仙配》、晉劇《打金枝》等。這些都是著名的戲曲，其中不少旋律優美的唱腔廣為傳唱，經久不息。

戲曲演唱，講究「氣出丹田」，聲音遠送。還要求換氣不露痕跡。因此運氣在其中十分重要。技巧嫻熟的戲曲演唱者，唱出來的音色珠圓玉潤，可達到「響徹雲霄」、「餘音繞樑」的效果。

器樂在戲曲中也起著重要作用。任何劇種都有一個獨具特色的樂隊，俗稱「場面」。弦樂、吹奏樂叫「文場」，打擊樂叫「武場」。以主奏樂器而言，不同劇種各有千秋。京劇用京胡，昆劇用笛子，越劇用高胡……樂隊擔負著伴奏唱腔、配合武打、舞蹈動作的任務，還要控制舞臺節奏，渲染氣氛。優美的唱腔離不開伴奏天衣無縫的配合，對唱腔要引、承、托、幫混為一體。「一台鑼鼓半台戲」，說明打擊樂也十分重要，武打戲全仗鑼鼓助威：武將出場，鑼鼓齊鳴；小姐上臺，小鑼輕擊。打擊樂使演員的形體動作具有鮮明節奏感，體現劇中人的身分和氣質。變化多端的鼓鑼點，能造成歡樂、緊張、陰暗等各種舞臺氣氛，它能象徵性地虛擬風聲、雨聲、水聲、扣門聲等。

81 戲曲中的舞蹈有哪些？

舞蹈是戲曲中諸因素之一，與劇本、音樂等共同為塑造劇中人物形象、展示劇情矛盾衝突而服務。

戲曲中的舞蹈，類別很多。《霸王別姬》中的劍舞，配以《夜深沉》曲牌，表現了虞姬的內心衝突。她為了安慰項王，面帶微笑飛舞銀劍，然而心中充滿了痛苦與憂慮。她的歌舞無法挽回四面楚歌的敗局，只能是對項王無力的寬慰。《劉海砍樵》是另一種「雙人舞」的舞蹈形式。狐狸精胡秀英美麗、善良，她大膽向後生劉海求婚。一個誓意追求，一個婉辭謝絕，於是一個逃跑，一個追趕，舞步多姿，唱腔明快。《虹橋贈珠》則是舞蹈與武打結合的表現。

一些日常動作經表演者藝術加工後，便成了舞姿舞步。比如丫鬟上樓臺上天梯，一手提裙，一手輕揚，躬身向上踏去，形象地表現了上樓的優美步態。武將出場「起霸」、提腿、邁步等一套動作，則顯得威嚴英武。優秀的演員集唱、念、做、打於一身，融舞蹈於戲曲表演之中，帶給觀眾無窮美感。

82 古代彩陶是如何製作的？

彩陶是帶有彩繪花紋的陶器。

我們的先民是如何燒造彩陶的呢？它分製作陶坯、修飾陶坯和彩繪紋飾以及入窰燒陶四個步驟。

首先是製作陶坯，即用黏性適度、泥質較細的泥土做陶土，並根據器物的不同用途，或淘汰掉泥土中的雜質，或摻和適量的沙子以便耐火。把調好的陶土搓成泥條，圈疊成陶器粗坯。

然後是修飾陶坯，即用力慢轉陶修整器皿口部，在陶坯將乾未乾之際，用礫石或骨器將表面壓磨光滑。再用粒度較細的陶土加水

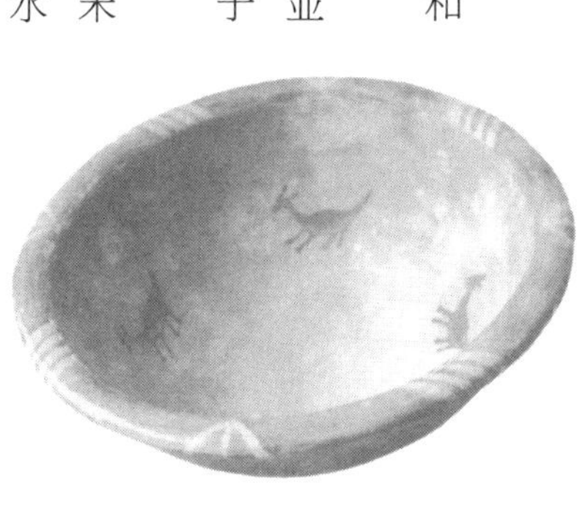

仰韶遺跡鹿紋彩陶盆

製成泥漿，然後把泥漿施加在陶坯表面。這樣燒製後的陶器表面就會附著一層陶衣。陶衣一般呈棕、紅、白等色，它的作用是使陶器表面更加光潔美觀，並與彩繪形成鮮明的色彩對比。

修飾完畢後可以進行彩繪紋飾了。一般用赭紅、黑、白三色。最後入窯燒陶。以仰韶文化製陶為例，溫度在攝氏九百～一千度，燒出來的陶器質地較硬。

彩繪使用的工具，可能是一種類似毛筆的東西。繪上的彩料經分析，有鐵、錳等。赭紅彩的主要著色元素是鐵；墨彩的元素則為鐵和錳，可能是一種含鐵高的紅土；白色基本無著色劑，可能是瓷土。

人面魚紋彩陶盆

彩陶是中國新石器時代早、中期文化的特色。在世界文化史上，中國彩陶時間早、品質上乘，具有相當高的歷史價值。

83 什麼是仰韶文化？

中國最早的彩陶是磁山文化遺址中的一片紅色曲折紋彩陶，而最具代表性的則為仰韶文化遺址中發現的彩陶製品。

仰紹文化距今有五、六千年的歷史，因在河南澠池仰韶村新石器時代遺址最先發現而得名。在該遺址中挖掘的細泥紅陶上，常有彩繪的動植物圖形花紋及幾何形圖案，很有代表性。因此仰紹文化曾被稱作彩陶文化。

仰紹文化的彩陶分為半坡型和廟底溝型等。半坡彩陶的動物圖案很發達，不少幾何形紋樣是由寫實的動物形象逐漸抽象化、符號化而成的，如網形紋、三象紋、菱形紋等。尤其具有濃厚情趣的是人面魚紋和人面魚網紋彩陶盤內的人頭像：渾圓的腦袋，細長彎眉，瞇成一線的雙眼，倒「J」字形的鼻子，對頂的兩個三角形組成的大嘴。學者認為這種人面紋與半坡氏族公社的某種原始信仰有關。而廟底溝型則以花卉紋為代表。有人認為這種花卉圖案就是中華民族得名的由來之一。華山則是由於華族最初居住之地而得名。

仰紹文化彩陶的器形主要有杯、缽、碗、盆、罐等，都是先民生活中的實用器物，也是一種原始工藝美術品。

84 陶都是指哪個城市？

大家都知道中國著名的瓷都在江西景德鎮，那麼陶都在哪裡呢？

中國的陶瓷藝術發源地在湖北宜興。宜興地處江、浙、皖三省交界處，河流交錯，交通便利。當地陶土蘊藏十分豐富，且品質上乘。僅鼎蜀鎮一帶小區就蘊藏上千億噸用以製作紫砂陶器的天然原料。

宜興以紫砂器最為著名，同時還生產一種「宜均」陶器。這是一種窰變的花釉陶器，釉層肥厚，胎骨凝重。作品多為文人書齋中的文房用具如畫碟、筆筒之類，這一產品與廣東的石灣陶器齊名，是明清陶器中的一個重要品種。

由於宜興紫砂陶器的廣泛製作，更兼所製產品廣為世人所喜愛，因而其聲名傳遍華夏。如今宜興陶器馳譽海內外，陶都之名也傳到各大洲。

85 什麼是紫砂陶器？

紫砂陶器歷史源遠流長。上溯至春秋戰國時期，越國著名大夫范蠡曾在宜興製陶，人稱「陶朱公」。明清時期，宜興陶業空前繁榮，迎來了宜興紫砂陶器的「黃金時代」。那時文人士大夫階層在室廳堂中陳設宜興紫砂器，成為一種時尚。

紫砂器中最受人歡迎的是茶壺。紫砂壺泡出的茶，清香撲鼻，隔夜不變味，壺內不留污痕。而且紫砂壺形制古樸雋永，

清宣統　宜興紫砂壺

清　宜興紫竹節提梁壺

耐人尋味，與瓷器比較，自有一種新的格調。明朝有名的紫砂壺有「供春壺」、「大彬壺」等，傾倒了許多文人墨客。製壺名家有陳仲美、元暢等。陳仲美初為景德鎮製瓷匠師，後將製瓷技法融入紫砂器上，所製香爐、鎮紙等，無不精美絕倫，令人嘆為觀止。

到了清代，宜興紫砂器製作受皇家推崇，有了進一步發展。皇家派官在宜興燒製，成品運往北京後再令內廷養心殿造辦處琺瑯作飾以琺瑯彩。這種名貴的彩繪紫砂壺今日己不多得，在臺灣故宮博物院尚存幾十件精美作品。民間紫砂器生產更盛，名家有陳鴻壽、楊彭年等。

86 瓷器發展的歷史如何？

瓷器是中國古代偉大發明之一，「中國」的英文之小寫就是瓷器之意，可見它在世界上的地位之重要。

瓷器的產生晚於陶器。較早出現的為青瓷，而晚出現的是白瓷。真正成熟的青瓷是從東漢開始的。唐代則更趨成熟，以南方越 窰青瓷、北方邢 窰白瓷最為著名。宋代製瓷業蓬勃發展，各處窰場林立，如汝窰、鈞窰等。元以後景德鎮逐漸成為瓷器的製作中心。所作器物品種多樣，有冬羊色的瓷、低溫色釉瓷以及青花、釉裡紅、料彩、五彩、粉彩、琺瑯彩等裝飾的彩瓷。如「三陽開泰」就是景德鎮出品的名瓷之一。

87 陶器與瓷器的根本區別是什麼？

有人認為瓷器是從陶器發展而來的，這種說法是不科學的。這二者從取材到燒製過程上都存在著本質區別。

陶器是以黏土加工成型的。這種原料可塑性好，是多種礦物的集合體，多呈粉土狀。這種胎土具有暗啞、不透明、吸水性和吸附性強等特點。而瓷器以瓷土為胎骨。這是一種主要由石英、雲母組成的成分複雜的礦物岩石，其內三氧化二鋁含量高，三氧化二鐵含量低。這種材料透明度高，吸水性很弱。由此看來，陶器與瓷器所取材料的質地是完全不同的。

在燒製溫度上二者也是不同的。陶器在攝氏八百～一千度左右的低溫中即可燒成。超過了這個極限，胎骨就會爆裂。瓷土的燒成溫度則一般高達攝氏一千二百度以上，燒成後質地純潔而堅強，把它打碎後呈現光輝四射的介殼屑狀。

此外，瓷器表面施釉而陶器多不施釉。陶器上有的雖也施釉，但由於質地沒有變，故只能施低溫釉，這種釉面易於剝落。瓷器表面施釉，釉和胎骨在高溫中一次燒成，故瓷胎與釉結合緊密，釉層透明，表面有光澤，猶如一池清水，淡雅清澈。

88 怎樣認識龍泉青瓷？

相傳南宋時，在今浙江省龍泉境內，有兩座著名的瓷窯叫哥窰和弟窰，分別由兩兄弟主管。哥窰燒造的青瓷較黑，俗稱「鐵骨」。弟窰的青瓷器，性質細密清白，釉色名目繁多。其中又以粉青與梅子青為最：前者色調柔和淡雅如青玉，後者色調青翠滋潤賽翡翠。

龍泉上品青瓷一出窰，立刻就被宮廷高價收購，當地縣官看一眼都難。今天，不要說完整的龍泉青瓷，即使是它的每一個碎片，都是珍寶。龍泉青瓷的質地之細清，釉色之醇美，達到了青瓷藝術的高峰。從此龍泉青瓷甲天下，並使唐代名窰——越窰從此黯然失色。

北宋　龍泉窰青瓷梅瓶

89 白瓷在工藝上有什麼特色？

白瓷的裝飾主要有印花、刻花和劃花幾種。印花指用刻有裝飾紋樣的印模在尚未乾透的白瓷胎體上列印出花紋，然後施白釉燒製成器。宋朝以定窰印花代表宋瓷的最高水準。刻花指在瓷坯上刻出花紋，然後施釉烘燒成器。

白瓷的品種依其釉色主要分為粉白、象牙白、青白、雪白等。這是由於釉料的配製與燒窰工藝的不同而造成的。如象牙白，又稱奶白，其釉質滋潤淳厚，如象牙似奶白，因此而得名。

白瓷的出現，是我國製瓷工藝的又一個飛躍，它是後來各種彩繪瓷器的基礎。沒有白瓷就不會有青花、釉裡紅等各種美麗的彩瓷。白瓷的出現，為中國製瓷工業開拓了一條新路，是一個發展的新標誌。

90 什麼叫青花？

青花是彩瓷的一種，以元代景德鎮的青花瓷器製品最具代表性。

彩瓷依彩繪在釉下還是釉上，分為釉下彩、釉上彩以及介於二者之間的鬥彩。青花則是釉下彩工藝。

青花是指以氧化鈷為著色劑，在瓷坯上繪畫，罩以透明釉，經攝氏一千三百度高溫燒成的瓷器。其色彩白藍相映，恬淡素雅，給人以清新明快的美感。

青花因具有中國傳統水墨畫的效果，成為我國最具民族特色的瓷器而聞名於世。青花瓷的大量燒製是在元朝，尤以景德鎮為代表。到明清則成為瓷器生產的主流，其中以清康熙年間的最為精美。

釉下彩中的另外一種是釉裡紅。它是以氧化銅為呈色劑，亦經高溫燒製而成。白地紅花，色彩十分明豔。這種彩瓷的燒製難度比青花更大，尤其色彩純紅的釉裡紅瓷器流傳下來的上品極少。青花與釉裡紅兩種色彩常同時用於裝飾瓷器，稱為青花釉裡紅。

91 唐代的越窰青瓷有何特色？

唐朝是中國瓷器生產的一個興旺時期。「南青北白」，南方的越窰代表了當時青瓷的最高燒造水平。

越窰窰址在今浙江省餘姚縣，因當時屬越州管轄而得名。

越窰青瓷在當時就獲得很高評價。唐「茶聖」陸羽在其所著《茶經》中，曾對當時各名窰的瓷器，按品質高低作了排序，結論是以越窰的產品為魁首。越窰所用胎土均經過精細的淘洗、捏練，燒成後胎質細膩，釉色青翠瑩亮，造型典雅，裝飾瑰麗。詩人對之有不少讚頌之辭。陸龜蒙所寫《秘色越瓷》詩曰：「九秋風露越窰開，奪得千峰翠色來。」可見當時人們對越窰青瓷器的喜愛程度。

唐代青瓷工藝日臻成熟，到了宋代則更上了一個臺階。如龍泉青瓷就以其上乘品質蜚聲中外，並使越窰青瓷從此黯然失色。通過控制溫度和還原氣氛，可以使瓷表獲得一種更加柔和淡雅的藝術效果。如溫度在攝氏一千一百八十～一千二百三十度之間，可得到著名的粉青；如把溫度控制在稍高的攝氏一千二百五十～一千二百八十度之間，就可燒成與翡翠媲美的梅子青。

92 「唐三彩」名字由來如何？

一九二八年，隴海鐵路修至洛陽，人們在一批古墓中發掘到了大量陶瓷雕塑。它們色釉晶瑩，斑駁淋漓，造型生動、豐富，後被著名學者王國維、羅振玉見到，均讚賞不已。這些陶瓷雕塑便是著名的「唐三彩」。

「三」在古漢語中又有「多」之意。這批陶塑屬唐代製品，又因色彩豐富，有翠綠、淺綠、藍、黃、褐、白等多種色彩，故其稱作「唐三彩」。也有學說認為早期出土的彩釉雕塑多呈紅、綠、白三色，而有「三彩」之名。

93「唐三彩」是如何製造的？

「唐三彩」的製作反映了唐代陶瓷工業藝術的傑出水準，對後世產生了深遠的影響。

唐三彩是一種低溫釉陶器。它以高嶺土（一種上等白色黏土）作為胎料，經挑選、舂搗、淘洗、沉澱、浸潤、揉捏等工序後，雜質基本除淨，然後再行塑造，最後入窰焙燒。

這樣燒製出來的陶器最大的特點是色彩絢麗繽紛。著色劑是含有銅、鐵、鈷、錳等元素的礦物。當時的工匠們已擁有熟練的技巧與豐富的化學知識，他們靈活控制著色劑在釉料中的比例，適當調配以達到理想的呈色效果。由於釉料中含許多鉛的氧化物，以此充作助溶劑。施滿各種釉汁的胎體入窯後，經攝氏八百~九百度的溫度焙燒，使彩釉熔化，各種著色劑亦隨之向四方擴散、流動。各色浸潤，形成斑駁燦爛的彩色釉。這個諸色混合的過程稱為「窰變」。鉛的加入能使光潔度增加，器物變得益加晶瑩、豔麗，而鈷元素加入著色劑，則能使釉色變藍。這一做法始於唐代。唐代以後各類低溫色釉和釉上彩瓷，大部分是在「唐三彩」的製作工藝上發展而來的。

三彩駱駝及牽駝俑　唐

94 宋五大名窯之首是哪一窯？

宋代是繼唐代之後，中國陶瓷發展史上的又一大繁榮時期。當時名瓷名窰大量湧現，其中最出類拔萃者為官窰、哥窰、汝窰、定窰和鈞窯五個窰口，後人譽之為「五大名窰」。而居於首席的則是位於河南寶豐的汝窰。

汝窰以燒製青瓷為主。它的生產只在北宋末期，加上成本高、產量低，故傳世作品少而彌足珍貴。器、物本身製作上胎體較薄，胎泥極細密，呈香灰色，製作規整，造型莊重大方。

汝窰瓷器最為人們稱道的是其釉色，後人評價「其色卵白，如堆脂然，汁中榨眼隱若蟹瓜，底有芝麻細小掙針」。可見汝窰燒製的青瓷確有獨特魅力，被人們推舉為五窰之首名副其實。

95 中國瓷都是哪個城市？

唐末時期，瓷器生產遍布大江南北，名窰輩出。與這種競爭狀態不同，明清瓷業生產出現了一個新格局：一些傳統名窰衰退，一些優秀製瓷技法失傳了，而與此同時，偏於一隅的江西景德鎮卻異軍突起，成為瓷壇新秀。

景德鎮的成就不是偶然的，它在歷史上便有悠久的製瓷傳統。早在唐代，景德鎮便已開始生產青瓷，並有製品入貢朝廷。五代時，當地的勝梅亭、黃泥頭等窰已燒製出品質上乘的青瓷和白瓷。宋代，南方青白瓷生產繁榮，而景德鎮製作的青白瓷堪稱海內第一。元朝政府選中了這一製瓷區，設置了一個官方製瓷機構——浮梁磁局，從此這個民營窰場逐漸開始燒製官瓷，並成為官方用瓷的基地。

同時，當地自然條件的優越也是必不可少的。景德鎮地區貯藏著大量白皙、細膩的天然優質瓷土——高嶺土，所以這裡具有潛在的發展前途。

當然，僅憑以上兩點，沒有雄厚的經濟實力和政治基礎，這裡也不一定能成為全國首屈一指的名窰。元朝的政治變遷給景德鎮帶來新的契機。明朱元璋政府在此建立了官方瓷業基地，後又設為御器廠。由於這裡有良好的燒造基礎，所以一開始就製出了大量高品質的瓷器。洪武時期的青花、釉裡紅等名品的相繼出現，為日後騰飛奠定了基礎。到了永樂時期，由於皇室的嚴加監督與大力支持，大批精美的瓷器問世了。青藍幽靚的青花瓷器，鮮豔明麗的釉裡紅和霽紅，胎質薄勻、具有透明感的甜白等各色優質瓷器在御廠內造成。這是瓷都歷史上的一個輝煌時期。此後清王朝對這一產瓷區的倚重並不在明王朝之下。這一時期燒造了無數精美絕倫的名品，如康熙五彩、康雍乾三朝的琺瑯彩、各顏色釉、仿古釉，應有盡有。景德鎮瓷器名揚四海，景德鎮幾乎成了瓷器的代名詞。

如今，這裡擁有體系完整的製瓷廠家和許多個體作坊，產品推陳出新，昔日的瓷都正在煥發青春的朝氣。

96 什麼是獸面紋？

青銅器紋飾是青銅藝術的重要組成和體現。商代早期的青銅器上出現了獸面紋，這種紋飾實際上是各種幻想動物的集合體。

宋代以來，這種紋飾稱為饕餮紋。饕餮是傳說中的貪暴怪獸，貪財貪食，好食人，且「日夜相殘，以盡其類」。商代青銅器中，獸面紋所佔數量最大，表現的是一種神秘猙獰的美。

獸面紋基本是公式化的，經歷了由抽象走向形象的過程。形象的獸面紋是以鼻樑為中軸線，兩邊有獸目，還分別出耳、眉、口、角，獸面兩側還各有一段獸身和獸足。這是古人為表現走獸與爬蟲形象所作的幼稚有趣的嘗試：將身軀分成兩半安在獸面兩側。

為了在千篇一律的獸面紋中區分彼此，工匠們在角的造型上大做文章，創造了外捲角、內捲角、曲折角、長頸鹿角等。這些角型是將真實的動物牛、羊、長頸鹿等的角誇張變型而來的。

97 龍、虎紋飾在青銅器上如何應用？

走向鐵器時代的春秋中晚期和戰國時代，「禮崩樂壞」，原先「藏禮」的青銅器消除了束縛，相當一部分轉為日常器皿。由於民間商業活躍，器物由原來的厚重變得壁薄物輕，製作工藝也簡化以牟利。這一時期的青銅器，特別講究造型、紋飾與器皿用途的統一，大量的龍、虎紋飾應用在青銅製品上。

水器如盤，鑒上附龍，是因為龍是水物；鐘上飾虎，因為它的聲音宏而遠。

龍類紋飾是春秋戰國之際青銅器上的主體紋飾，它比以往的西周紋飾更富有想像力，更形象化。鑲金錯銀，嵌紅銅和綠松石等工藝被廣泛應用。紋飾異常精致華麗。

虎也是王者威儀的象徵，更多地用於高官大臣們鑄造的器具。由於它寓辟邪之意，所以正堂大廳內陳設的器物上常雕有虎的十分抽象的圖案。

98 玉雕發展的情形是怎樣的？

中國原始玉雕工藝已遍及黃河、長江、珠江流域等地。目前發現的最早玉雕，是七千年前新石器時代河姆渡人用於裝飾的璜、管、珠、墜等。代表原始玉雕最高水準的是江浙一帶的良渚文

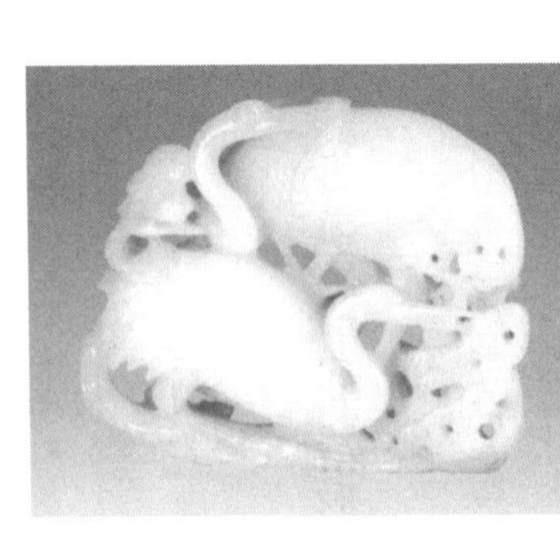

明　白玉鏤雕花卉桃形杯

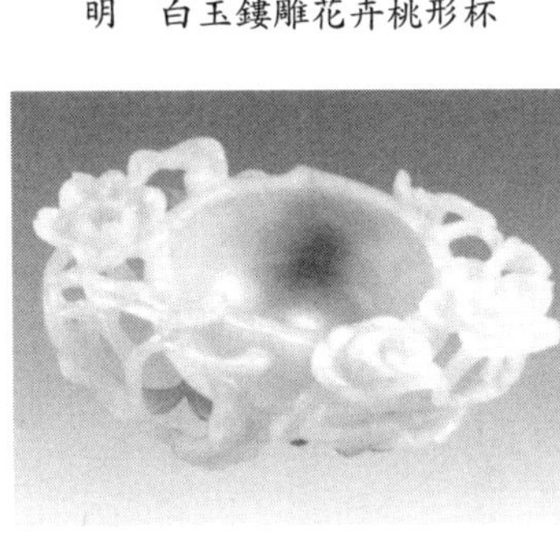

清中期　白玉雕松鶴擺件

化玉器。浙江餘杭的一些玉雕上的神人獸面像刻劃入微，肉眼難以辨認。很難想像，在尚無金屬工具的原始技術條件下，這些藝術品是如何被雕刻出來的。

玉雕工藝在商代有了全面發展，商代玉雕以其傑出的成就與周代青銅器並峙而成為當時兩座藝術高峰。殷商時期的玉器在南陽大量出土，尤以婦女墓所藏最豐富，達七百五十五種之多，大多為在片狀玉上刻畫的作品。

春秋戰國時期，由於鐵製工具的使用，玉雕風格由簡轉繁，紋飾繁密細緻，琢工宛轉流麗，玉佩成為戰國十分常見的飾品，它以精細的浮雕琢出獸面和蟠螭紋，奇姿異態。

漢代國力強盛，新疆和闐玉源源東來。由於當時厚葬之風盛行，因而出現了大量金縷、銀縷玉衣等玉柙葬服，以河北中山靖王墓所出土的「金縷玉衣」為代表。漢代還時興以玉驅鬼，如玉剛卯、玉翁仲等。漢白玉雕刻也大為興盛，廣泛應用於宮廷內的建築上。春秋至兩漢較為流行的玉雕品種有玉具劍、雞心佩、墨印等。

經歷了南北朝的低谷，唐宋玉雕又恢復了繁榮，當時的許多作品帶有異域風味。唐代花形杯、雲形杯、羽觴等別具一格。金代黃玉鳳紋佩、白玉花鳥佩等玲瓏圓活，顯示了少數民族的玉雕才能。

明清從宮廷到民間，玉雕創作一派繁盛。蘇州專諸巷為當時有名的玉雕場所，所謂「良玉雖集京師，工巧則推蘇郡」。古代玉雕在乾隆年間達到頂峰，陰刻、透雕、鑲嵌等技法運用純熟。最令人讚嘆的是巨型玉雕，如《大禹治水圖》、《丹臺春曉圖》等。這些玉雕採大型玉料製成，重達數千斤，上刻山水人物、古木岩壑，工程艱巨，需幾年甚至十幾年的時間才能完成。清代其他仿古玉也有一定產量。選料嚴格、作工講究為這一時期的重要特點。

99 青田與壽山石雕有何特色？

青田與壽山都是中國著名的石雕產地。這裡石料品質上乘，儲量豐富，有著優越的自然條件，都是有名的印章印石生產地，石雕具有得天獨厚的製作條件，因此其產品馳名中外。

青田石雕產於浙江省青田縣，約始於南宋慶元年間，距今有八百年的歷史。最初只是磨製石章，到清代品種才增多。光緒三十年之後，青田石雕分別參加了比利時賽會、美國巴拿馬博覽會、義大利都朗賽會和我國的南洋勸業會等，均獲好評，從此蜚聲海內外。

青田石雕以鏤刻見長，在創作上，它的特點是依形布局，取勢造型，依色取巧，因巧施藝，尤其對天然俏色、透明白色的利用，使其更具風采。風格上，它構圖豐滿，富有濃厚的裝飾趣味和江南的地方色彩。在技藝上它精雕細刻，不留刀痕，異常光潔。品種上則以花卉、山水風景見長。「葡萄山」、「高粱」、「西遊記」是青田石雕的優秀作品。

壽山石雕產於福建，以田坑石雕出的作品最著名。田坑分田白與田黃，尤以田黃石彌足珍貴。南朝時壽山石就被雕刻成石獸作殉葬品。明代壽山印章盛行，以古獸鈕頭雕刻為代表。清康乾盛世年間，石雕昌盛，楊璇、周彬等名家雕刻的人物、獸鈕冠絕當時。不少精品至今仍珍藏在故宮博物院。壽山石雕的藝術特色是以樸實的風格著稱，並不過於剔透。有時在作品中陪襯以花瓶、竹簍，做到繁簡對比。陳列在人民大會堂福建廳的「求偶雞」，以及「花果累累」、「長征組雕」，都是壽山石雕的佳作。

100 中國象牙雕刻有什麼特色？

象盛產於非洲，因此非洲的象牙雕刻十分著名。中國的象牙雕刻亦是淵遠流長。質白瑩潤的象牙在先民眼中已屬高貴之物，而象牙材料堅韌細膩，適合雕刻的特性則在原始社會就被先民們所認識。河姆渡新石器文化遺址便有鳥形圓雕等最早的象牙刻件出土。

從奴隸社會到封建社會，象牙雕刻工藝不斷發展。宋代時創制了象牙套球，又名「鬼工球」。它是在整塊象牙裡鏤雕出每層可以轉動自如的多重刻花套球，玲瓏剔透，奇巧雅致。

明清象牙雕刻達到全盛。品種有日常用品、文房用具與人物等陳設品。明代牙雕人物，如仕女、觀音等，比例適度，刀工簡練。清宮廷內各地進貢的牙雕製品無數，它們雕刻細密，裝飾華美，技藝巧奪天工。乾隆年間製成的《月曼清遊冊》刻繪了貴族的婦女在一年十二個月中的深閨生活。除象牙外，還採用了玉石、金銀、螺鈿等為鑲嵌點綴，使其更加珠光寶氣。清代牙雕已能鏤雕出十幾層。此時的牙絲編織也別具一格，它是將象牙劈成薄如篾片的細條編織而成，早在漢代已出現這一工藝。明清牙絲製品有席、扇等，工藝繁複，難度極高，因此造價昂貴。現故宮珍寶館藏有象牙席，是供后妃專用的。另外還有微雕工藝，是在小塊象牙片上雕各種畫面或字句，刻畫極細。這體現了清牙雕藝術的豐富多姿。

清代牙雕《月曼清遊》

101 中國木雕有什麼代表作？

木雕，顧名思義，就是在木頭上雕刻的工藝美術品。上好的雕刻用木材有檀香木、紫檀木、樟木等。著名的木雕作品有潮州木雕和東陽木雕。

潮州木雕因產於廣東潮州地區而得名。它選用優質樟木，經鑿出粗坯後進行精雕細刻，再經磨光、上漆，最後貼上金箔才告完成。所以其作品往往呈現出金碧輝煌、熠熠閃光的藝術效果，故又稱「金漆木雕」。它多用於建築物上，如裝飾門窗等，也作日常之用。

東陽木雕產自浙江東陽。這裡氣候適宜，四面環山，因此盛產木材，號稱「木雕之鄉」。木雕創作在明清達到鼎盛。當時的建築物如廳室、廟宇等的屋架、樑柱、門窗上多用木雕裝飾。明宅「肅雍堂」，是明代封建官僚的大莊園，建築物規模宏偉，結構堅固。木雕裝飾極精致，氣勢巍峨，十分壯觀。此外，東陽家具木雕也十分有名。

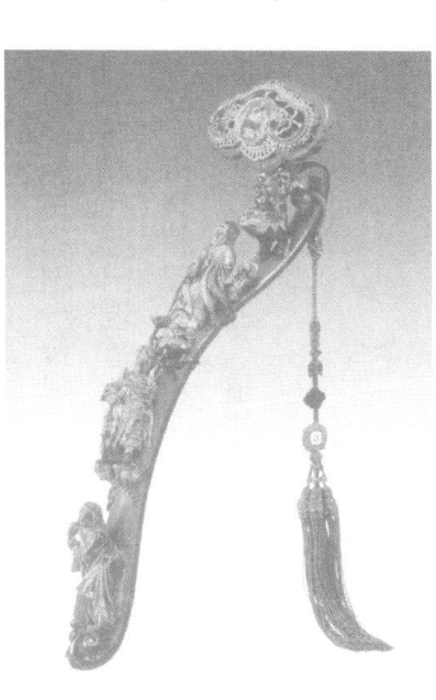

清　木雕觀音如意

102 中國「四大名繡」指哪四大？

刺繡是中國傳統的民間手工藝之一，形成了不同的地方流派。其中，最著稱的是「蘇繡」、「粵繡」、「湘繡」、「蜀繡」這四大名繡。

蘇州地理環境適合養蠶植桑，素以絲織生產和刺繡工藝著稱於世。蘇繡風格為「精、細、雅、潔」。蘇繡傳統品種繁多，日用品有門布、桌布、枕套、手絹等，色調高雅，繡工精密。佩飾小品，如香囊、荷包、扇袋等，花紋內容大多是吉祥圖案。室內裝飾品，如壁柱等，多以圖畫為繡稿。現代蘇繡製品採用一些更具革新性的工藝，製造出亦幻亦真的效果。

粵繡有其獨特風格。明代藝人將孔雀羽毛編有絨縷以之為線來繡製服飾等，產品金翠奪目。粵繡具有傳統特色的題材有百鳥朝鳳、三陽開泰等。其花紋繁縟而不亂，色彩濃豔，對比強烈。這種風格熱烈明快，具有濃郁的地方特色。

湘繡以光緒年間「吳彩霞坊」的作品為代表。作品精巧，傳至各地。從此湘繡名揚天下，並有超越蘇繡之勢。花鳥、山水條屏是湘繡的傳統品種，它風格寫實，針法多變，顏色多素雅如水墨畫。

蜀繡也稱「川繡」，以四川成都為其中心和主要產地。成都自古以織錦業著名，號稱「錦城」。蜀錦與蜀繡並稱「蜀中之寶」。蜀繡採用當地軟緞和彩絲為主要原料，用獨特繡技製出帳簾、嫁衣和畫屏、捲軸等，以龍鳳軟緞被面最為著名。傳統欣賞品有「芙蓉鯉魚」、「雞冠花」等，還有長河落雁、黃鶯翠柳等花鳥題材。蜀錦技法之特色為用線工整厚重，設色豔麗，有別於蘇繡傳統的輕薄柔軟之特點。

103 蜀錦有什麼特色？

錦是一種用多色蠶絲織成彩色花紋的高級絲織物，合「帛」、「金」成字，取錦「作之用功，其價如金」之意。蜀錦是四川省出產的一種傳統絲織工藝品的總稱。

四川古稱「蜀」，成都稱「錦城」，是美麗富饒的天府之國。特殊的地理環境，使盆地內部氣候溫暖，雨量充沛，適宜農作物生長，為發展蠶桑提供了良好的自然條件。大量優質蠶絲的出產，使得此地絲織業擁有得天獨厚的發展環境，因而蜀錦的生產迅速繁榮起來。

東漢末年，蜀錦已擁有相當規模的產量。西元二一四年，劉備佔領益州，打開劉璋的倉庫後，一次性賞賜諸葛亮、關羽、張飛等人蜀錦各一千匹。唐代的織造技藝則達到了新的高度。這一時期以寫實花鳥圖案為主的裝飾題材有了重大發展，形成絢爛而生動的時代風格。唐玄宗時，四川進貢的用五色絲織的錦背心，一件「費用百金」。織成「蘭亭序」的文字錦，被作為「異物」和暖金等珍寶珍藏在皇宮內。唐太宗時，益州「大行臺檢校修造」（官名）竇思倫負責絲織業，他組織設計了不少錦、綾新花樣，被譽為「章彩奪麗」。其中，著名的對雉、鬥羊等不僅在國內流行，在國外也很受歡迎。

唐代之後，絲織業重心逐漸移至江浙一帶，但蜀錦工藝並未廢弛。清代織機的改革促進了蜀錦生產工藝的進一步發展。清代蜀錦，在國外享有盛名，被稱為「名貴的蜀江錦」。日本知恩寺和連山美術館現在還收藏有我國產於清代的蜀錦。

解放後，蜀錦得到了新生，產品品質和花色品種也有了很大提升和增加，為人們的日常生活增添了亮麗的色彩。

104 中國絲綢的發展歷史怎樣？

中國是世界上最早養蠶、繅絲、織綢的國家，素有「東方絲國」之稱。

中國養蠶植桑的歷史，可以追溯到新石器時代。山西省夏縣灰土嶺的石器遺址中，曾發現一個被人工割切過的蠶繭。說明早在四千多年前，我們祖先可能已有利用蠶繭的原始知識。

殷商時代，有關絲織物的記載很多，甲骨文中有蠶、桑、絲、帛等字樣。商代出土的銅兵器上還有精美的絲織物印痕。周朝時勞動人民採桑紡織的情形，被生動地記載於《詩經》中，書中還描繪了統治階級錦衣玉食的生活。

唐代，絲綢業發展進入全盛時期。當時中國和一些西歐國家的貿易往來頻繁，外國商賈常常由大夏到「東方絲國」購買絲織品。到現在，沿著當年開通的「絲綢之路」，仍能不時發現古代從內地運去的絲織遺物，如錦、絲包、絲帶、絹畫、墊褥等。絲織文化已成為東方的象徵之一。

105 什麼是雲錦？

雲錦是中國傳統絲織工藝品之一，因其錦紋瑰麗如雲彩，故而得名。

雲錦產地在南京。它的特點是大量用金線，包括拈金、縷金，也包括縷銀與銀線，是一種善於用金裝飾織物花紋的提花絲織物。

雲錦的主要品種為「妝花」、「欣金」、「織錦」。它們以各種金銀線交織於一件彩錦中，使花紋金彩輝映，整件織物形成一種瑰麗燦爛、典雅而高貴的藝術效果。

南京的傳統提花絲織物種類很多。它的圖案取材廣泛，大部分為自然素材，也有龍鳳等富於浪漫主義的想像圖樣。人們常把一些相配的花紋素材組合在一起，寓以一定含義，以表達吉祥、喜慶的願望，如牡丹象徵「富貴」，石榴象徵「多子」，兩隻柿子與一柄如意組成「事事如意」等。常見的吉祥主題內容還有：五穀豐登、並蒂蓮、六合同春、龍鳳呈祥、太平景象、花好月圓等。這些圖案的流行，反映了勞動人民嚮往美好生活的意願。

106 景泰藍的製作原理是什麼？

景泰藍屬琺瑯器範疇。所謂琺瑯，就是將某種琉璃粉末澆附在某種金屬器胎表面而成。依製法，琺瑯可分為掐絲琺瑯、內填琺瑯和畫琺瑯三類。景泰藍就是對銅胎掐絲琺瑯的俗稱。

景泰藍的製作程式比較複雜，大致可分為七道工序。一、製胎：可用青銅合金鑄造，也可用紅銅板在模具上沖壓或捲壓成形。二、掐絲：將銅絲抽壓成扁絲，根據設計的花紋盤繞成框，再用白芨製成糨糊將銅絲黏在胎上。三、燒焊：這道工序使銅絲與銅胎焊在一起以固定，然後浸入稀硫酸中清洗以去雜質。四、點彩：根據花紋的色彩裝飾要求，用小鐵爐（俗稱藍槍）或玻璃管將各色釉料填入花紋框格內。五、燒製：入窰熔燒使釉料分熔化即附於胎表及框線內。釉料熔化會收縮，故須多次填補進行複燒。六、打磨：用粗細砂石、木炭等逐次將琺瑯和銅絲打磨平整光滑。七、鍍金：為增加美觀並防止生銹，需將表面露出的銅部分鍍上金。

掐絲琺瑯玉壺春瓶

景泰藍的釉料，亦即琺瑯，其主要原料為石英、長石、瓷土、硼砂以及一些作為著色劑的金屬氧化物，與一般玻璃、陶瓷等同屬矽酸鹽類。它的特點：一是琺瑯釉的燒成溫度較低，在攝氏八百度以下；二是製造上先將原料熔化後急冷製成熔塊，再研磨成粉。中國古代傑出的陶瓷工藝

為燒製掐絲琺瑯器提供了珍貴的經驗，使之發展成為具有獨特民族風格的「景泰藍」。

107 「景泰藍」名字的由來如何？

掐絲琺瑯器不是由中國人發明的，它起源於地中海及尼羅河地區，以古羅馬的拜占庭（即東羅馬帝國）為中心。當時掐絲琺瑯器以金為主，銀、銅次之。作品多半用於十字架、聖體盆、聖杯等宗教禮器上的小型皇室徽識，或基督徒個人用的裝飾品。

掐絲琺瑯海馬紋大碗

掐絲琺瑯器傳入中國後，由中國的能工巧匠們在技藝上加以改良，尤以銅胎掐絲琺瑯的製作工藝最為精湛，發展成今天所說的景泰藍。

明代景泰年間的掐絲琺瑯獨領風騷，因而得名「景泰藍」。這一時期的作品除盆、花插等日用品外，還有大型花觚、鼎等，常以菊花、蕉葉、人物、翁鳥等多樣花紋作裝飾。色釉上也有了許多創新，釉質凝重濃郁，有「蜜蠟」之感。僅是藍釉就有鈷藍、天藍、寶藍、透明狀的普藍、粉青金色等，有一種寶石般的美感，它的純度和亮度是任何時期都難以比擬的。景泰年間的這種以藍釉為主的風格，也是景泰藍成為掐絲琺瑯美名的原因之一。

108 明代家具的特色是什麼？

在中國古代家具史上，明代至清代前期的二、三百年是一個發展盛期，家具製作達到最高水準。

明代家具也被稱為「明式家具」，常取材於紫檀、花梨、紅木、杞梓木（雞翅木）、鐵力、櫸木等，也稱硬木家具。

與其他朝代相比，明代家具的藝術特色相當顯著。它設計簡練，結構合理，很注重實用性。如唐宋椅子的靠背是平直的，沒有曲線，坐起來很不舒適。明代匠師根據人體脊柱的特點做成與之相適應的椅子靠背傾角和曲線，使人產生舒適愜意之感。凡與人體接觸之處，都做得圓潤柔婉，舒適合度，這是明代家具的一大創新。

此外，明代家具做工精巧，造型優美，風格典雅。明代家具多用富貴木材，它們具有堅硬致密、色澤古雅、花紋華美的特性。為充分利用這些木材的天然紋理和美色，往往不上漆而僅用蠟飾，使之光滑如鏡，更耐人尋味。這種深沉絢美的色澤與穩健的造型互為映襯，共同構成了明代家具典雅協調的風格特色。

109 剪紙的用途是什麼？

剪紙，又叫刻紙、剪花，是歷史悠久的民間傳統工藝品之一。中國民間剪紙藝術起源於古代「鏤金剪采」的風俗。「金」指金片。「鏤金」工藝發展至漢唐稱「金銀平脫」，主要用於裝飾漆器和銀鏡背面。當紙發明後，剪紙藝術就從「鏤金剪采」的古俗中產生了。

這一古俗是立春風俗，因此剪紙首先主要用於迎春儀飾。臘月裡剪紙貼窗花，已成為迎接春節必不可少的步驟之一。

後來，剪紙突破了迎春古意，而成為廣泛的喜慶大裝飾。在婚嫁壽吉喜慶的宴席禮品上，常用剪紙來增添喜氣，稱「禮花」、「喜花」。

另外，在喪事中也使用紙剪成的花幡，焚燒紙錢，以達慰靈、招魂的作用。有時還被巫師用作驅邪、祈雨的工具。

當然，剪紙最大的用途還是用來裝飾，如剪貼在窗子上的窗花、角花，用在屋內天花板上的團花、燈上的燈花等。它廣泛地起著抒發感情、美化生活的作用。

110 製扇工藝怎樣發展？

中國的扇子與文學、書畫有著密切關係，是獨具特色的民族藝術文物之一。

中國早期的扇子大多以羽毛製成。「羽扇綸巾」，便是形容三國兩晉時儒將喜用羽扇，以表現自己從容瀟灑的態度。諸葛亮在任何場合都手搖一把羽扇，可見偏好之程度。

隋唐至兩宋，柄扇發展到頂峰，尤以圓扇（即俗稱的團扇）最為流行。團扇大多為長圓形，扇柄用雕漆、象牙或名竹製成，扇面的材料是絹素紙帛。因製作精美，質地宜書畫，因而書畫家都愛在扇面上題詩作畫。宋代扇面書畫發展至頂峰，但大部分無題款，這是宋代書法家的習俗。

今日風行的摺扇相傳由朝鮮、日本傳入中國。一把完整的扇子叫成扇，扇骨一般有十四、十六、十八骨。製骨料子有白竹、紫竹、湘妃竹、象牙、玳瑁、沉香、紅木、紫檀木、烏木、檀香木等。扇柄上多鐫刻詩詞書畫、陰陽紋飾及博古圖案。千餘年間，江浙一帶的能工巧匠，熔靈巧精湛的製扇技藝、雕刻、書畫於一爐，創造了別具特色的摺扇工藝。書畫扇面也是當時流行的風尚。明四家沈周、文徵明、唐寅、仇英等都有扇面書畫佳作留傳於世。

蘇州一向有製扇傳統。當地著名的玉竹摺扇，扇骨是選用上好毛竹製作的，工藝細緻，水石打磨，新時似象牙，用舊了則如琥珀，是非常出色的工藝品。明清士大夫不僅自己愛用，亦常用來相互饋贈。

111 故宮有什麼建築特色？

故宮，又稱紫禁城，是明清兩朝的宮殿。它規模浩大，佔地約七十二萬平方公尺，周圍環繞十多公尺高的宮牆和寬五十二公尺的護城河。整座皇城一片紅牆黃瓦，恰似浩瀚的「宮殿之海」。

故宮的建築充分體現了「天子至尊」的封建宗法禮制，嚴格按「左祖右社」、「前朝後寢」的古制布局，分為外朝與內廷兩部分。外朝以太和、中和、保和三大殿為中心，輔以高大的宮門、寬闊的御道和廣場，佔據了整座皇城的主要空間。三大殿均建在八公尺多高的漢白玉臺基上，四周廊廡環繞，氣勢磅礴。太和殿又稱金鑾殿，是明清最高等級的建築物。它採用重簷廡殿頂這種屋頂結構，殿內瀝粉貼金，重施五彩，顯得金碧輝煌，雄偉壯麗。故宮後部分的內廷則是帝后的起居場所，雖氣勢不及外朝諸殿，但謹嚴深密，富有生活氣息。它有乾清宮、坤寧宮、御花園及東西六宮等建築，形成一個布局完美的整體。御花園既有帝苑的雍華氣魄，又有民間古典園林的幽雅意境。

故宮太和殿

紫禁城的建築裝飾華麗精美。宮殿建築中大量使用了雕刻、貼金、鏤金、漆畫、景泰藍、玉石及螺鈿鑲嵌、硬木貼絡、綢緞裝裱等封建社會所能採用的一切工藝美術手段，將高超的建築技術與藝術融為一體，體現了中國古代宮殿建築的最高成就。

112 中國拱橋有什麼獨特風格？

拱橋，是在墩臺之間以拱形的構件來作承重結構的橋型。中國的拱橋歷史，雖比古羅馬晚了三、四百年，卻因其獨特的風格和美麗的造型，在世界橋樑史上負有盛名。

中外馳名的趙州橋在河北省，是座敞肩式石拱橋，淨跨達三十七點〇二公尺，是古代世界上跨徑最大的石拱橋。它外觀線條柔和，構造空靈，附雄偉於安逸之中。

其他著名的拱橋還有蘇州寶帶橋以及楓橋、北京盧溝橋、《清明上河圖》中的汴水虹橋等。古老的拱橋今天仍遍布中國江南水鄉的彎曲河道上，成為中國橋樑建築中一道美麗的風景。

趙州橋

113 中國園林有什麼藝術特色？

中國園林用地面積雖有限，景觀內涵卻非常豐富，能令人感受到大自然的千丘萬壑、清溪碧澤、風花雪月。

園林的布置、組織與創造，常運用「借景」手法。通過遊人的視線，將園外之景納入園中。園林鑿地，是以木作鏡，堪稱別具一格的「鏡借」。

此外，園林在結構上做到以小見大，虛實結合。遊人置身園林，能感受「空靈」二字，這正是「虛中實，實中虛」的手法。在創制手法上疏密結合，更能取得錯落有致、曲徑通幽的效果。花影、樹影、雲影、水影、風聲、水聲、鳥語、花香——諸多有形無形之景交響成曲，詩情畫意盎然而生。

總之，中國的造園藝術別具一格，體現了自然景致的無限情趣，彷彿是一幅幅形象化了的山水畫。

114 揚州與蘇州盆景各有什麼特色？

揚州盆景的製作歷史可追溯到唐代，至明清發展成熟。

揚州盆景整飭、壯觀，兼有北方之雄奇和南方之秀麗，其選用的品種，有柏、羅漢松、黃楊、榆、迎春、梅、桃、蘭花等。觀賞類有柑橘、香櫞、佛手等。還常以山石散布盆中，謂之「點石」，其效果可使盈尺的樹木顯出參天的氣勢。

蘇州是中國文化古城，歷史上文人薈萃，其盆景製作有一個顯著特點，就是文人自製盆景。舊時蘇州藝人培植的盆景有頗多陳規，如每一株樹往往紮成「六臺三托一頂」的規則型。但近幾十年來提倡自然美，造型更趨自然。為體現這種自然之美，蘇州製盆景工匠常從山野中拉取老樁加以培養，顯示出別致的自然韻味。

115 嶺南盆景有什麼風格？

嶺南指廣東、廣西。嶺南盆景歷史悠久，以廣州的產品最具代表性。

嶺南盆景吸收了嶺南畫派的特點，特別是根據「起伏收尾」、「一波三折」的畫理，創造了「蓄枝截幹」為主的折枝法。

蓄枝截幹法是以修剪為主的一種技法。方法是：先在樹木第一節培養到一定粗度時，加以截頂，並有計劃地留枝剪葉，至第二、三、四節時也依樣施行。經多次修剪後，樹幹曲折蒼勁，如國畫中樹枝的「雞爪」、「鹿角」形。在造型上樹枝疏密有致，比例得當，達到「疏散密聚」的效果。

嶺南盆景常用萌發力強的植物，如鵲梅、九里香、建茶、六月雪、榆等。其造型主要有模仿參天古樹的大樹型、主幹剛健挺直側枝平生的木棉樹型。還有懸崖型、叢林型、飄斜型、古梅型等。

總體來說，嶺南盆景的風格是蒼勁瀟灑、飄逸豪放、自然而富有情趣。

國家圖書館出版品預行編目資料

中國文化地圖／王慧著； -- 一版. -- 臺北市：大地, 2005〔民94〕

冊； 公分-- （History；7-8）

ISBN 986-7480-22-8（上冊：平裝）

1. 文化史-中國-問題集

630.22 94004774

中國文化地圖（上）

History 07

作　　者：王慧
創 辦 人：姚宜瑛
發 行 人：吳錫清
主　　編：陳玟玟
封面設計：呈祥設計印刷工作室
出 版 者：大地出版社
台北市內湖區內湖路二段103巷104號
劃撥帳號：○○一九二五二～九
戶　　名：大地出版社
電　　話：（○二）二六二七七七四九
傳　　真：（○二）二六二七○八九五
印 刷 者：普林特斯資訊有限公司
一版一刷：二○○五年四月

定　　價：250元

E-mail：vastplai@ms45.hinet.net
Printed in Taiwan

（本書如有破損或裝訂錯誤，請寄回本社更換）
本書經由中國長安出版社授權出版